축제

: 일상의 초월과 경계 넘나들기

이 도서의 국립중앙도서관 출판예정도서목록(CIP)은 서지정보유통지원시스템 홈페이지
(http://seoji.nl.go.kr)와 국가자료종합목록 구축시스템(http://kolis-net.nl.go.kr)에서 이
용하실 수 있습니다. (CIP제어번호 : CIP2020008008)

숭실대학교 인문과학연구소 인문교양총서 2

축제

: 일상의 초월과 경계 넘나들기

김태연 박소영 남정애 김기일 양승조 허성태 이시준 이경재 함께 씀

동연

책을 펴내며

인문과학연구소는 올해도 다양한 학술대회와 연구 세미나를 개최하고 논문집과 저서 발간 작업을 통해 숭실대학교 인문대학의 연구 역량을 강화하고자 노력해왔습니다. 그 결실 중 하나로 교양총서 시리즈 제2권을 발간하여 일반 대중과 인문학적 소통을 해나갈 수 있는 기회를 갖게 되었습니다.

본서는 인문학교양총서 시리즈의 두 번째 책으로 주제는 '축제'입니다. 서장에서 김태연 교수는 "다채롭게 펼쳐지는 축제란 인간이 축조해가는 문화라는 거대한 구조물 속에서 새로운 힘과 가능성을 열어주는 틈새와 같은 역할"을 담당한다고 적절히 언급했습니다. 그러나 모든 것이 경제 우선으로 이루어지는 현대에서는 다양한 축제의 의미가 상업의 논리로 인해 퇴색되고 잊혀가고 있습니다. 최근 우리 사회에서 이루어지는 여러 축제의 경우에도 참여자들은 축제 자체를 직접 준비하고 즐기기보다는 상업적 기획 속에서 그저 제공되는 음식과 놀이에 대가를 지불하고 체험하는 소비자에 머물러 있는 경우가 대부분인 듯합니다. 이런 환경에서는 탈일상으로서 축제라는 본질을 경험하기가 어렵다고 생각됩니다.

축제에 관한 인문학적 성찰은 우리로 하여 일상을 탈출하여 새로이 열리는 시공간에서 창조적 경험을 할 것을 요청합니다. 특히 우리 사회의 경우 수직적이고 경직된 공동체 문화에서 벗어나 평등하고 이해가 넘치는 평화의 문화를 공동체 내에서 경험할 수 있어야 합니다. 축제문화에 대한 성찰이 지향하는 가치는 여기에 있을 것입니다. 그리고 그 효과는 공동체 내의 다양한 갈등의 해소일 것입니다. 이 책자는 독자들로 하여 문화적 재현이자 고유한 탈일상의 틈새인 축제의 다양한 역사와 그 실천을 접할 수 있도록 안내할 것입니다. 이 책을 읽음으로 우리가 함께 축제 참여자들에게 열리는 일상 초월의 경험을 마주할 수 있기를 바랍니다.

이 책자를 준비하는 데 수고를 아끼지 않은 김태연 박사님과 양승조 박사님 그리고 임선우 조교님께 진심으로 감사드립니다.

2020년 1월
숭실대 인문과학연구소장 김선욱

차례

머리글

　우리는 일상에서 많은 축제를 경험한다. 음악이나 미술, 공연과 관련된 문화예술 축제, 풍성하고 다양한 먹거리가 가득한 음식 축제, 봄에 만발한 꽃이나 가을의 단풍 등 자연을 즐기는 축제, 각 지역의 전통과 특성을 즐길 수 있는 지역 전통, 풍물 축제, 불꽃놀이 축제 등 다수의 축제가 우리 주변에서 펼쳐진다. 한국 고유의 명절인 설날이나 추석도 주로 가족과 친지와 보내는 시간이지만 일종의 축제로 분류할 수 있을 것이다. 설날은 새해를 다 함께 맞이하며 축하하는 축제이고, 추석은 햇곡식과 과일의 수확에 감사하는 축제인 것이다.

　인류의 역사 속에서 축제는 대부분 종교전통과 긴밀한 연관 관계를 맺고 있었다. 스페인어, 프랑스어, 영어 등의 페스티벌(festival), 독일어 페스트(Fest)는 라틴어 형용사 'festus'(경축하는)와 'dies'(날)이 결합된, '경축하는 날'(dies festus)에서 유래한다. 페스티벌을 비롯하여 영어의 'feast' 또한 동일 어원으로부터 비롯된 것이다. 영어의 'feast day'나 독일어에서의 'Festtag'은 특별히 두드러지고 구분된, 초자연적인 본질이 내포되어있다고 믿는 성스러운 날을 의미한다. 이는 신적인 함의를 담고 있어 성스러운 축일이라고도 번역될 수 있다. 축제는 본래 종교적인 의식의 거행과 떼려야 뗄 수 없는 것이다. 따라서 축제의 종류는 지역과 문화에 따라 매우 다양하다 하더라도, 의례적인 경과 및 주기적, 반복적으로 경험되는 시간을 그 공통점으로 한다. 서양 전통에서 축제라 하면 본래 종교적 의식을 거행하는 것과 같은 의미였다. 또 종교적 의식이 거행되는 특별한 날은 늘 해당 종교의 절기와 긴밀하게 연관되어 있다.[1]

그렇다면 우리 한국 전통에서 '축제'(祝祭)란 과연 무엇인가? 축(祝)과 제(祭)가 결합된 형태의 이 개념은 사실상 한국 근대 시기 일본으로부터 유입된 신조어이다. "祝(賀)하는 祭(祀)"(축하하는 제사)라는 말이 어색하게 느껴지는 것도 이러한 이유일 것이다.[2] 현재 축제란 용어는 글로벌화된 문화적 여건 속에서 이제 영어의 festival과 등가의 의미로 광범위하게 사용된다. 다만 한국의 경우, 지역의 풍습이나 문화, 먹거리 등과 연계될 때 축제라는 단어가 붙지만, 외래적인 문화의 향유와 관련된 것은 '페스티벌'로 직접 표현하는 경우가 좀 더 빈번하다는 특징이 있다. 이는 어르신들의 환갑이나 회갑을 파티라고 하지 않고 잔치로 표현하지만 그 외에 일반적으로 생일을 축하할 때는 케이크를 놓고 고깔모자를 쓰고 즐기는 시간을 생일파티라고 일컫는 경향을 떠올리면 될 것이다. 이제 세속화된 현대 사회에서 축제/페스티벌이라는 말은 다 함께 즐기는 문화적 향유를 뜻하는 집단적인 유희의 의미로 사용되고 있다.

한국에서는 현재 축제/페스티벌이 동의어로 사용되고 있지만 설, 대보름, 추석, 단오제, 동짓날 등은 축제일보다는 주로 '민족 고유의 명절'로 일컬어진다. 명절 또한 제사나 차례, 종교적인 풍습과 긴밀한 연관을 갖는다. 특히 단오(端午)의 경우 '강릉 단오제'가 중요 무형문화제로 지정되어 있으며, 더 나아가 '현대의 축제'로서 변모되어 활발하게 운영되고 있다. 시민들의 대표로 조직된 단오제위원회와 문화전문가들의 기획을 통해 한국을 대표하는 축제로 단오를 육성 및 세계적으로 알리기 위해 노력하는 것이다. 이러한 노력의 결실로서 강릉단오제는 2005년에는 유네스코 인류 구전 및 무형유산 걸작으로 선정되기도 하였다.3 독일의 경우에도, 유명한 라인지역의 카니발(Rheinischer Karneval)이 2014년 유네스코 무형문화재로 지정되었다.4 우리나라의 경우, 그 종교전통이 대중적으로 잘 알려져 있으며 국공휴일로 지켜지고 있는 것은 각각 봄과 겨울에 거행되는 불교의 석가탄신일 그리고 기독교의 성탄절이 있다. 이러한 공식적인 종교관련 축제 외에 요즈음 어린이들을 비롯하여 주로 젊은 성인들이 주로 참여하는 축제로는 핼러윈(Halloween)이 있다. 핼러윈은 미국으로부터 전해졌으며, 그 인접한 기원은 바로 기독교의 만성절(All Saint's Day)이다. 하지만 현재 이루어지는 핼러윈은 종교적 유래와 의미와는 상관없이, 우스꽝스럽고 익살스럽게 생긴 유령이나 몬스터, 해골 등으로 분장하여 즐기는 일종의 일상탈출이 가능한 유희의 축젯날이 되었다.

다채롭게 펼쳐지는 축제란 인간이 축조해가는 문화라는 거대한 구조물 속에서 새로운 힘과 가능성을 열어주는 틈새와 같은 역할을 담당한다. 이 틈새 속에서 우리는 일상의 탈출, 더 나아가 일상의 초월을 경험하며 우리의 일상을 다시금 돌아보며 새롭게 구성해나갈 힘을 얻어갈 수 있다. 이 책에서 우리는 8명의 저자를 통해 인간의 역사 속에 깊이 뿌리내려 지금까지도 활발히 이루어지고 있는 세계적인 축제의 전통을 만날 수 있으며, 축제를 모티브로 하는 다양한 문화적 재현에 대한 역사적이고 문학적인 성찰을 마주할 수 있다.

이 책은 다음과 같이 구성되었다. 먼저 축제라는 문화적 유희를 그 본성으로 지닌 '놀이하는 인간'-'호모 루덴스'에 대해 생각해본다. 이후 유럽대륙으로 이동하여 우리에게 잘 알려진 세 가지의 축제—기독교 문화권의 축제 카니발, 독일의 옥토버페스트, 프랑스의 보졸레누보 축제의 유래와 그 의미에 상세히 살펴본다. 유라시아로 이동하여 우리에게는 생소하지만 생동하는 봄의 기운을 공동의 잔치를 통해 축하하고 풍요로운 한 해를 기원하는 봄 축제, 러시아의 마슬레니차, 중앙아시아의 나브루즈에 대해 알아본다. 다음의 여정은 동아시아이다. 일본의 대표적인 축제로서 신토에 근거한 마쓰리에 대해 알아본 후, 한국의 통과의례로서의 축제의 의미를 이청준의 소설을 통해 성찰해보고자 한다. 이 순서대로 독자들을 위해 각 글의 간략한 내용을 다음과 같이 소개해본다.

　박소영은 요한 하위징아의 저서인 『호모 루덴스』를 참조하여 현대 사회의 호모 루덴스가 어떠한 형태로 드러나고 있는지를 살피고자 하였다. 인간의 본성을 유희의 관점에서 파악한 하위징아는 놀이의 중요성에 대해 강조한다. 하위징아에 따르면 놀이와 축제는 유사한 성질을 공유한다. 하위징아가 말한 놀이의 특징은 '자유'와 '비일상성'으로 요약된다. 이 두 가지 특징은 놀이와 축제 모두에 적용될 수 있는데, 다른 점이 있다면 놀이하는 인간의 본성에 의해 다양한 놀이가 탄생되었고, 이러한 놀이보다 집단적 목적에 의해 체계화된 것이 축제라고 할 수 있다. 중요한 것은 놀이와 축제를 만들어낸 기저에 인간의 유희적 본성이 있다는 사실이다. 이에 박소영은 호모 파베르와 호모 루덴스를 나란히 놓아, 두 개념이 오늘날 어떠한 관계망 속에서 연결되어 있는지를 살피고자 하였다. 반복되는 노동은 권태의 문제를 낳고, 무분별한 놀이는 태만을 낳을 수 있다. 성과 사회를 살아가는 우리는 노동과 놀이 중 어느 한쪽을 선택할 수 없는 상황에 놓여 있다. 이 때문에 저자는 우리에게 노동과 놀이의 균형을 세워 권태와 태만에 빠지지 않도록 스스로 이끌어야 할 것을 당부하고 있다.

김태연은 기독교 문화권에서 행해지는 축제 카니발(Carnival)을 소개한다. 축제로서 카니발은 익살스러운 가면과 의상으로 분장한 이들의 화려한 행진으로 유명하다. 화려한 춤과 음악 그리고 거리에서 벌어지는 유쾌한 파티는 물론, 정치적, 사회적 비판과 풍자가 자유롭게 펼쳐지는 축제 속에서 카니발 참여자들은 일상생활과 전혀 다른 시공간을 체험하게 된다. 사실 카니발은 종교전통에서 유래한 축제이지만, 그것은 일종의 일상과 탈일상의 경계를 넘나드는 놀이 장르에 속한다고 말할 수 있을 것이다. 이러한 일상의 경계 넘기로서의 축제인 카니발을 인류학자인 빅터 터너(Victor Turner)가 지적한 현대 세계에서 나타난 리미노이드(liminoid)의 일환으로 볼 수 있다. 따라서 저자는 이 글에서 카니발이 유래한 종교적 전통과 그 역사를 보여줌과 동시에, 오늘날에도 카니발 축제가 활발하게 이루어지고 있는 그 현대적인 의미에 대해 인류학적인 관점을 통해 고찰하고 있다.

남정애는 독일에서 가을에 대대적으로 열리는 전통 축제인 옥토버페스트(Oktoberfest)를 소개한다. 독일 맥주의 발전에는 수도원이라는 종교기관이 있었다. 제대로 된 교육기관이 아직 드물었던 중세 시대에 수도원은 교육기관의 역할을 겸하고 있었고, 따라서 엘리트가 양성되는 기관이기도 했다. 이런 엘리트들이 수도원에서 맥주 양조를 과학적으로 연구 및 체계화함으로써 독일 맥주가 발전되는 기반이 다져진다. 1516년에 공포된 맥주순수령은 독일 맥주의 맛과 질을 획기적으로 끌어올리는 계기가 된다. 맥주순수령은 맥주의 재료를 보리, 홉, 물, 효모로만 한정하는 내용을 담고 있다. 그러자 독일의 맥주 양조 마이스터들은 네 가지로 제한된 재료를 가지고서 최대한의 맥주 맛을 끌어내려 온갖 노력을 아끼지 않았고, 이를 통하여 독일 맥주는 최고의 맛과 품질을 인정받게 되었다. 옥토버페스트는 바로 이런 맥주를 중심으로 이루어지는 축제이다. 1810년 바이에른 왕세자 루드비히의 결혼식 축하 행사로 열렸던 경마대회에서 유래되어 이후 맥주 축제로 자리 잡은 옥토버페스트는 오늘날 세계최대 규모의 민속축제로 그 이름을 떨치면서 전통을 보존하고, 지역주민의 화합을 도모하며, 독일과 독일 맥주를 홍보하고, 고용 창출과 경제발전에 기여한다. 옥토버페스트의 성공 요인으로는 독일 맥주의 명성, 축제를 위해 잘 구축된 인프라, 엄청난 규모, 효율적 운영 등을 들 수 있다.

김기일은 한국에서도 잘 알려진 햇 포도주인 보졸레 누보와 관련된 프랑스의 전통 축제를 소개하고 있다. 프랑스 와인의 기원은 그리스 시대 술의 신(神)인 디오니소스(Dionysus)에서 비롯된다. 긴 세월을 내려온 프랑스 와인은 생산 지역에 따라서 여러 종류의 프랑스 와인이 되었다. 프랑스 보르도 지방의 와인과 쌍벽을 이루는 부르고뉴 지방의 와인에 속하는 보졸레 지역에서 생산되는 햇포도로 만든 와인을 보졸레 누보라고 칭하는 것이다. 이 보졸레 누보는 매년 11월 셋째 주 목요일 자정을 기해 전 세계의 와인 애호가들에게 배달된다. 이것이 보졸레 누보 축제를 알리는 신호탄인 것이다. 보졸레 누보 축제를 마케팅으로 활용해서 프랑스 햇와인이 전 세계에서 명성을 얻는 계기가 마련되었고 오늘날 프랑스 산업에서 와인의 중요성은 더 중요한 위치를 차지하게 된 것이다. 프랑스의 와인 양조 전문가들은 양품의 포도만을 재료로 삼아 최고의 풍미를 끌어내려 온갖 노력을 아끼지 않았고, 이를 통하여 프랑스 와인은 최고의 맛과 품질을 인정받게 되었다. 와인축제로 자리 잡은 보졸레 누보 축제는 오늘날 세계적인 규모의 민속축제로 그 이름을 떨치면서 전통을 보존하고, 지역주민의 화합을 도모하며, 프랑스와 프랑스 와인을 홍보하고 고용 창출과 경제발전에 기여하고 있다. 보졸레 누보 축제의 성공 요인으로는 프랑스 와인의 명성, 축제를 위해 잘 구축된 인프라, 엄청난 규모와 효율적인 운영 등을 들 수 있다. 그러나 이러한 상업화에는 또한 이면도 존재한다. 저자는 세계적 명성을 얻은 이 축제가 마케팅의 성격이 점차 강해지면서 쇠락의 길을 걷고 있는 면 또한 독자들에게 전해주고 있다.

양승조는 소련 해체 이후 부흥하고 있는 러시아 봄 축제인 마슬레니차(Масленица)를 소개한다. 일반적으로 이 축제는 기존의 슬라브족 전통신앙과 외부에서 유입된 그리스도교 문화가 혼용된 것으로 알려져 있는데, 이러한 설명은 소련 시기까지도 러시아 학계의 정설이었다. 그러나 소련 해체 이후 마슬레니차를 순수한 정교회 문화로 설명하는 새로운 시각이 나타나고 있다. 그러나 마슬레니차의 기원이 슬라브족 전통신인 벨레스를 경배하는 봄 축제라는 점, 러시아인들이 정교로 개종한 이후 러시아 정교회에 의해 마슬레니차에 그리스도교 문화의 특징들이 도입되게 되었다는 점, 이러한 변화에도 불구하고 러시아 정교회에서는 마슬레니차를 교회 축일로 간주하고 있지 않다는 점, 마슬레니차 기간에 진행되는 축제 행사 중 '이교 문화'로 보이는 것들이 여전히 상존하고 있다는 점 등을 고려할 때, 이 축제를 전적으로 교회 축일이라고 설명하는 것은 무리한 해석이다. 이상의 여러 내용을 고려하면서 저자는 마슬레니차가 슬라브족의 전통 축제와 그리스도교의 절기 문화가 교회의 강한 영향력 아래서 혼용되어 있는 러시아식 사육제임을 밝히고 있다.

허성태는 중앙아시아 지역의 전통 축제인 나브루즈(Navruz, Навруз)를 독자들에게 소개한다. 봄의 도래는 인류가 존재해 오는 동안 가장 중요한 사건 중의 하나일 것이다. 지구상의 모든 민족이 봄을 다양하게 맞이하는데 대부분 자연의 소생을 기뻐하고 인생의 승리와 풍년 등을 기원한다. 특정 지역, 특정 집단의 역사와 전통이 반영된 축(祝)과 제(祭)를 포괄하는 문화양식을 축제라고 한다면, 중앙아시아 지역에 전해 내려오는 나브루즈 역시 이러한 축제 중의 하나로서 인간과 자연의 상호작용이 절대적인 조화를 이루어 만물이 회생하는 일종의 봄맞이 또는 신년맞이 페스티벌로 분류할 수 있겠다. 저자는 이 글을 통해 막연히 중앙아시아 지역의 봄맞이 혹은 신년맞이 축제로 알려져 있는 나브루즈의 유래, 전통, 음식, 특징 등을 살펴보고 이를 국내에 소개함으로써 보편성과 특수성을 근간으로 하는 문화원형으로서의 나브루즈 축제에 대한 이해의 폭을 넓히고자 한다.

이시준은 일본의 전통적 축제인 마쓰리에 대해 독자들에게 큰 그림을 선사한다. 일본의 마쓰리라고 하면 일반적으로 흥겨운 음악과 함께 화려한 등롱이나 조형물의 행렬을 떠올리기 쉬운데, 천황이 황거에서 올리는 제사(祭祀)도, 신사에서 매일같이 거행하는 제의(祭儀)도 모두 마쓰리인 것이다. 일본의 마쓰리는 농경사회의 공동체제사를 기초로 하고 있다. 매년 수확을 감사하기 위해서 신을 영접하고 공물을 바치고 감사의 뜻을 모아 춤과 노래를 바치는 것이다. 마쓰리의 종교적 베이스가 되는 신토(神道) 사상은 모든 것에는 신이 깃들어 있다고 하는 애니미즘을 기반으로 하고 있다. 마쓰리의 행위에는 감사의 마음, 상부상조, 자연에 대한 경외심 등 현대인이 자칫 상실하기 쉬운 덕목들이 동반된다. 저자는 일본인들이 마쓰리의 기원과 덕목을 잘 새기고 동시에 지역의 발전과 활성화에 기여할 수 있는 진정한 축제로서의 마쓰리에 대한 모색이 필요함을 강조한다.

마지막으로 이경재의 글은 통과의례로서의 '축제'에 대한 문학적 성찰로 독자들을 이끈다. 이청준의 〈축제〉는 장례를 배경으로 하여 축제의 보편성과 축제의 한국적 특수성을 다룬 작품이다. 그동안 이 작품에 나타난 축제의 성격은 주로 바흐친의 논의에 바탕하여 규범파괴적이거나 카오스적인 측면에 초점이 맞추어져 왔다. 이러한 측면이 이청준의 〈축제〉에 드러나는 것은 사실이지만, 이 작품에는 이외에도 축제의 여러 가지 복합적인 성격이 동시에 드러난다. 이 글에서는 다양한 이론가들의 축제론을 바탕으로 이청준의 〈축제〉에 나타난 축제의 통과의례적 성격, 질서유지적 성격, 규범파괴적 성격, 경계현상적 성격 등을 조명하고자 시도하였다. 2장에서는 그동안 거의 논의되지 않았던 준섭의 어머니, 즉 노인을 중심으로 축제의 통과

의례적 성격을 논의해 보았다. 3장에서는 축제에 내재된 상반된 지향, 즉 '기존 질서의 긍정적인 고양'이라는 지향과 '규범 파괴적인 과잉'이라는 지향이 서로 갈등하는 양상을 준섭과 용순을 중심으로 하여 살펴보았다. 4장에서는 준섭과 용순의 관계를 중심으로 축제의 경계현상적인 측면을 살펴보았다. 이를 통해 저자는 이청준의 〈축제〉는 축제를 다룬 작품이 극히 드문 한국문학사에서 축제가 지닌 복합적인 성격을 깊이 있게 성찰한 명작으로서 자리매김할 수밖에 없음을 밝히고 있다.

이 책은 숭실대학교 인문과학연구소에서 기획한 두 번째 대중교양서로 인간의 삶 속에서 사회를 구성하는 개인, 개인으로 구성된 사회 모두의 뜻깊은 잔치인 축제를 다루고 있다. 축제의 과정에서 하나됨과 해방을 경험하는 인간은 창조적 영감을 얻어 새로운 인간 문화를 빚을 힘을 축적해갈 수 있다. 이 책에는 다양한 문화권에서 다채롭게 펼쳐지는 축제에 대한 인문학자들의 소개와 그에 관한 성찰이 담겨 있다. 이 책을 통해 놀이하는 인간, 호모 루덴스가 어떻게 일상을 탈피하여 희로애락을 나누고 새로운 공동체적 질서를 구현해내는 힘을 얻는지에 대해 독자들과 함께 나눌 수 있는 계기가 되길 바란다.

김태연

주

1 Phillip Borgeaud, "Feste/Feiern: Religionswissenschaftlich", Hans Dieter Betz et al. (eds.), *Religion in Geschichte und Gegenwart*: F-H 3 (Tübingen: Mohr Siebeck, 2000), 86.

2 배상복, "[우리말 바루기] '축제'는 일본식 한자어", 「중앙일보」 (2012년 5월 1일): https://korean.joins.com/news/article/article.asp?total_id=8052894&ctg=.

3 황루시, "현대의 공동체와 축제의 기능: 강릉단오제를 중심으로", 「구비문학연구」 제22집 (2006. 6. 30.), 1-25.

4 다음 유네스코 사이트를 참조: https://www.unesco.de/kultur-und-natur/immaterielles-kulturerbe/immaterielles-kulturerbe-deutschland/bundesweites-45. (2018. 10. 28.)

현대 사회의 호모 루덴스*

박소영

1. 우리는 어떻게 일상을 축제로 만드는가?

한국관광공사 홈페이지에는 다양한 축제 행사 소식이 실려 있다. 2017년에서 2018년에 걸쳐 국내에서 진행되는 축제는 약 336건으로 기록된다. 이들 축제는 전통문화의 계승이나 각 지역의 관광유치와 특산품 홍보, 공동체의 조화로운 합일 등의 목표에 맞춰 세분화된다. 현재까지도 크고 작은 축제가 전국 곳곳에서 지역민과 관광객들의 이목을 사로잡고 있다.

이중 특히 청년들의 흥미를 끌고 있는 축제로 '보령 머드축제' (1998~)와 '신촌 물총축제'(2013~)를 꼽을 수 있다. 머리끝부터 발끝까지 진흙으로 범벅이 되거나, 온몸이 물에 흠뻑 젖은 사람들의 모습은 두 축제에서 흔히 볼 수 있는 풍경이다. 깨끗하고 단정한 차림

---

* 이 글은 「인문학연구」 47호 (2018. 12)에 게재된 필자의 논문을 본서의 취지에 맞도록 수정·보완한 것입니다.

으로 일상의 업무를 해결해왔던 사람들은 이곳에서 엉망으로 지저 분해지는 서로를 보며 즐거워한다. 청년들은 더럽혀질수록 놀이의 성실함을 인정받는 이 축제의 한복판에서 일상의 스트레스를 날리 는 통쾌함을 느낄 수 있다. 서로에게 진흙을 던지고 물총을 쏘는 것 은 일상에서는 금기시된 행위이다. 그러나 축제 내에서는 서로에게 이러한 행위들을 하지 않는 사람이 규칙을 위반한 자로 남게 된다. 규칙을 지킬수록 즐거움과 자유로움을 만끽하게 된다는 축제의 본질 적 성격은 우리로 하여 계속해서 새로운 축제를 생성하도록 이끈다.

새로운 패러다임에 맞춰 축제의 형태가 변화하고 있음을 보여주 는 또 다른 예시가 있다. 부천시에서 진행하는 '로봇문화 등(燈) 축 제'(2016~)는 로봇과 만화 캐릭터에 LED 조명을 달아 전시하거나, 가 족 단위의 시민들이 전통 한지로 로봇을 만들어 전시하는 등의 다양 한 시도를 통해 시민들의 마음을 사로잡고 있다. 염원을 담아 등을 띄우던 전통 행사는 로봇이라는 소재와 함께 오늘날의 시대 변화를 수용하며 새로운 형태로 변모하고 있다. 이러한 축제는 공동체의 연 대감을 결속시키는 효용적 가치를 지니고, '로봇', '인공지능'과 같은 새로운 패러다임을 행사에 적용하여 사람들의 호기심을 충족시키는 유희적 가치까지 지니고 있다. 이는 기존의 전통문화행사와 현재 인 기를 끌고 있는 콘텐츠를 접목하여 친숙함과 새로움이라는 두 마리 토끼를 잡으려는 시도의 일환이다. 사회의 변화에 따라 축제의 형태 도 변화를 겪고 있다. 인간의 역사에서 '축제' 자체가 사라지지 않는 다는 점을 염두에 둘 때, 다음과 같은 질문을 던질 수 있다. 인간은 왜 끊임없이 축제를 만들어내는가? 이러한 질문은 다양한 축제를 만 드는 인간의 본성에 무엇이 있는지를 밝히고자 하는 시도와 관련된다.

우리가 축제에 참여할 때 경험하는 감동, 즐거움, 환호, 열광 등은 삶의 고단함을 이겨내는 한 방법이 될 수 있다. 축제는 왜 즐거운가? 우리의 눈앞에는 해결해야 할 매일의 과제들이 쌓여 있다. 이것이 노동하는 자의 삶이다. 축제의 시간은 노동의 시간과 극단에 놓여 있는데, 여기에는 자유라는 문제가 개입되어 있다. 그 누구도 현재의 일을 멈추고 축제로 가서 마음껏 즐겨야 한다고 강요하지 않는다. 오직 즐거움을 찾는 인간의 욕망이 노동의 시간을 정지시키고 스스로를 축제의 시간으로 옮기어 가게 만든다. 이 자발성은 노동의 억압적 속성과 다른, '자유'의 속성을 지닌다.

축제는 이처럼 인간의 '자유'라는 문제와 밀접하게 연관된다는 점에서 진지하게 다루어질 필요성을 지닌다. 그러나 지금까지 '축제'는 연구 주제의 전면에서 다소 빗겨나 있었다. 이에 대한 국내 연구자의 문제 제기를 제시하면 다음과 같다.

우리나라는 오래된 과거로 거슬러 올라가는 축제의 역사를 가지고 있음에도 불구하고 유교의 영향과 일제 강점기, 남북분단과 전쟁, 경제재건 등의 험난한 역사 과정 속에서 축제적 유희성을 상당히 오랫동안 잊고 지냈다. 축제를 긍정적인 가치를 가진 문화적 자원으로 받아들이는 데 힘겨워하는 현대사를 여전히 보내고 있다. (중략) 축제의 근본적 의미, 즉 스스로 즐겁게 즐기는 것이라는 점에 대한 인식보다는 남에게 보이기 위한 행사 정도로 인식하고 있다는 점은 진정한 축제 문화를 뿌리내리고자 하는 노력이 충분하지 않았음을 방증(傍證)하는 것이다.[1]

위의 인용 부분은 유희적 측면에 대한 깊은 이해가 사회문화적이나 학문적 차원에서 이루어지기 어려웠던 우리나라의 시대적 상황에 대한 설명이다. 당장 생계를 해결해야 하는 상황 속에서, 생존보다 '놀이'를 더 중요시할 수는 없었다. 그럼에도 주목할 점은 여러 악재가 덮친 시대적 배경 속에서도 이 유희적 행위가 지속적으로 인간의 부름을 받았다는 사실이다.

축제는 끊어지지 않은 채로 계속해서 우리 사회의 일부로 자리잡고 있다. 인간은 왜 즐거움을 추구하는가? 이에 본고는 축제 생성의 원천에 인간의 놀이 본성이 있음을 밝히고, 이 놀이 본성이 오늘날 어떠한 방식으로 표출되고 있는지에 대해 논하고자 한다. 이는 '왜 인간에게 놀이가 필요한가?'와 같은 근본적인 물음으로 이어질 수 있다. 이와 같은 질문은 노동과 놀이의 대립각 사이에 서 있는 우리가 현재 시점에서 진지하게 논의해야 할 점이 무엇인지를 파악할 수 있다는 점에서 유의미하다.

2. 호모 루덴스로 살아가는 법

1) '놀이하는 인간'의 축제 만들기

인간은 오늘날까지 다양한 이름으로 현존해 왔다. 본고의 내용과 관련되는 것들의 예를 몇 가지만 들면, '호모 사피엔스(Homo Sapiens) - 생각하는 인간', '호모 파베르(Homo Faber) - 만드는 인간(노동하는 인간)', '호모 루덴스(Homo Ludens) - 놀이하는 인간'과 같다. 최근에는

'호모 포토그라피쿠스(Homo Phtographicus)—사진 찍는 인간'이라는 이름까지 새로 얻게 되었다. 물론, '호모 포토그라피쿠스'는 학술적 용어가 아닌 최신의 현상을 표현하기 위해 만들어진 이름이지만, 자신의 모든 일상(음식, 패션, 여행 등)을 카메라에 담아 혼자 간직하거나 타인과 공유하는 행위는 이미 핸드폰의 대국민적 보급에 힘입어 일반화되었기에 주목할 필요가 있다.

최근에 만들어진 '호모 포토그라피쿠스'는 '호모 루덴스'의 하위 범주로 이해될 수 있다. 인상적인 찰나를 포착하여 기록하는 행위에는 그 자체로 놀이적 효과가 있다. 직업적인 행위를 제외하고, 일상의 한 장면을 카메라로 찍는 행위는 어떠한 금전적 이득이나 성과를 위한 인내의 과정이 전제되어 있지 않다. 맛있는 음식을 찍고 맑은 하늘의 풍경을 찍는 것은 그 자체로 인간에게 '기억의 재미'를 준다. 이에 '놀이하는 인간'이라는 의미의 '호모 루덴스'를 자세히 살피면서 오늘날의 여러 단면에 대해 논하고자 한다.

'호모 루덴스'는 요한 하위징아[2](Johan Huizinga, 1872~1945)가 1938년에 출간한 저서의 제목이기도 하다. 이 저서는 인간의 본질을 놀이(유희)의 관점에서 파악하고 있다. 『호모 루덴스』는 놀이에 대한 하위징아의 인상적인 문장으로 시작된다. "나는 수년 동안이나 문명이 놀이로서, 또 놀이 속에서 발생하고 전개되었다는 확신을 가지게 되었다."[3] 이 문장은 놀이가 고도로 발달된 문명권에서 나왔을 것이라는 기존 견해를 뒤집는 주장으로, 문명과 놀이의 관계에 대한 하위징아의 생각을 압축한 것이기도 하다. 하위징아는 최초로 '놀이'를 연구의 주제로 삼았다는 점에서 선구적이다. 본고가 축제와 놀이라는 주제로 논의를 진행하는데 우선 하위징아의 이론을 호명한 것도 이와 관련된다. 놀이의 문화적 창조력을 강조한 하위징아의 저서는 축제를 끊임없이 생성해내는 오늘날의 모습을 설명하는 데 유효하다. 그는 축제와 놀이의 유사한 점을 다음과 같이 제시하였다.

> 둘 다 일상생활의 정지를 요구한다. 둘 다 유쾌함과 즐거움이 절대적이다. 그러나 반드시 그렇지는 않을 것이다. 왜냐하면 축제도 마찬가지로 진지할 수 있기 때문이다. 둘 다 시간과 공간의 제약을 받으며, 둘 다 엄한 법칙과 진정한 자유를 융합시킨다. 한마디로 축제와 놀이는 주된 성질이 같다.[4]

축제와 놀이의 유사성은 유희성을 추구하고자 하는 인간의 본성과 밀접하게 연관된다. 하위징아가 '호모 루덴스'를 제시한 까닭은 이 이름이야말로 인간의 본성을 이해할 실마리가 될 수 있기 때문이다. 즉 놀이하는 인간의 본성에 의해 다양한 놀이가 탄생되었고, 이러한 놀이가 집단적 목적에 의해 체계화된 것이 축제라고 할 수 있는 것이다. 중요한 것은 놀이와 축제를 만들어낸 기저에 인간의 유희적 본성이 있다는 사실이다. 그리고 이 놀이 공간 속에서 인간이 느끼는 자유로움은 뒤이어 나올 '호모 파베르'의 세계에서 억압될 수밖에 없으며, 현재 우리의 삶 속에서 어떻게 이 두 세계를 균형 있게 만들 수 있는지에 대한 논의로 이어지게 만드는 중요 지점이라 할 수 있다.

우선 인간이 왜 그토록 놀이적 세계에 매료되는지를 파악할 필요가 있다. 하위징아가 제시한 놀이의 특징은 크게 두 가지로 요약될 수 있다. 첫째는 '자유'이고, 둘째는 '비일상성'이다.[5] 먼저 '자유'는 놀이를 놀이답게 만드는 가장 중요한 특징이다. 친구들과 뛰어놀던 어린 시절을 떠올려보자. 아이들은 학업에 도움이 되기 위해, 착한 사람이 되기 위해, 몸이 튼튼해지기 위해 놀지 않는다. 이러한 놀이의 효과들은 실용적인 관점에서 놀이에 의미를 부여하려는 노력이다. 아이들은 즐거움을 느끼기 위해 놀이를 스스로 '자유롭게' 선택한다. 이것은 놀이가 가지고 있는 '자유'라는 특징에 의해 가능해진다.

다음으로 '비일상성'은 실제의 삶과 거리를 두고 있는 놀이의 특징을 보여준다. 예를 들어 어린아이들이 역할극을 통해 가상의 인물을 창조하고 그 인물에 몰입하는 것이 바로 이 비일상성과 연관된다. 오늘 왕자의 가면을 썼다가 내일 괴물의 가면을 쓸 수 있는 것은 놀이의 세계에서만 가능한 자유이다. 무한한 가능성이 놀이를 통해 표출될 수 있다. 게임 세계 속 아바타에 이름을 붙이고, 그 아바타를 마음대로 조종하면서 가상현실을 즐기는 것 역시 비일상성이라는 놀이의 특징으로 이해된다.

이러한 놀이의 특징을 축제와 연결해 보자. 축제는 "일상과 단절하고 최대한 다른 세상을 표현하는 것이고 이러한 필요성을 충족하는 과정에서 축제만의 행위, 문법 그리고 색채가 나타나게 되는 것"[6]이다. 축제에는 일시적이나마 일상에 거리를 두고 또 다른 세계에 편입되는 비일상성의 자유가 허용된다.

그렇다면 이러한 특징을 통해 축제에 참여하는 사람들은 어떠한 감정을 느끼게 되는 것일까? 단적인 예로 월드컵과 올림픽을 들 수 있다. 평소에 스포츠 경기에 관심이 없던 사람들도 이 시기에는 함께 경기를 응원하며 승리를 기원한다. 놀이에 참여하는 사람들은 "특수 상황 속에 함께 있다는 감정, 중요한 것을 공유한다는 감정, 일상 세계의 규범을 함께 배격한다는 감정"[7]을 느끼게 된다. 특정한 공동체가 정해진 시공간에서 동일한 감정을 공유할 때 느끼게 되는 일체감은 축제에 광기의 성격을 덧붙인다. 이러한 일탈의 시공간은 정해진 교복을 입고 얌전한 자세로 수업을 듣는 학생들과 점잖은 태도로 사무를 처리하는 직장인들이 쓰고 있는 이성의 가면을 벗어던지게 만든다. 놀이의 세계에는 복잡한 현실원리가 틈입되지 않는다. 이 광기와 몰입의 시간을 가능하게 만드는 것이 바로 놀이다.

2) '놀이하는 인간'의 지적 축제 — 상상력의 표현

하위징아는 고대의 제의를 특히 중요하게 인식한다. 제의 과정 중에 펼쳐지는 다양한 언어적 표현들이 인간의 즐거움과 함께 구체적으로 형상화되었다고 보는 것이다. 제의는 "어떤 표출이며, 극적인 표현이며, 형상화이며, 대리적 현실화"[8]이다. 우주의 질서는 고대인들에게 수수께끼로 남겨진 미지의 세계였다. 해는 왜 뜨는지, 인간은 어디에서 태어나고 어디로 돌아가는지, 비는 내리다가 왜 멈추는지 등의 궁금증은 인간으로 하여 하늘의 질서에 각각의 이름을 붙이도록 만들었다. 이때 활용된 표현 방법으로 은유를 꼽을 수 있다. 당시 고대인들의 사고로는 절대 파악할 수 없었던 물리적 죽음, 질병, 사계절의 변화 등에 이름을 붙여 신의 형상화를 구체화시킨 것이다. 여기에는 미지에 대한 공포와 두려움이 내포되지만, 우리 눈앞에 놓인 세계 외에 또 다른 세계를 창조해보는 상상의 즐거움 역시 경험하게 되었다.

이러한 언어의 창조 활동은 각 개인을 집단으로 묶어 사회를 안정시키는 데에도 큰 역할을 한다. 로마의 인디기타멘타(indigitamenta)

는 "집단적인 감정의 분출을 진정시킬 목적으로 신성한 실체로 고정된 형태를 부여함으로써 새로운 신의 상(像)을 만들어내는 공식적인 의식"9 이다. 이 의식에는 의인화 기법이 상당히 중요한 역할을 하게 된다. '공

이집트의 피라미드

포'와 '폭력'이 일정한 형상으로 인식되기 시작하면서, 인간의 두려움은 일시적으로 감소될 수 있었다. 이는 하위징아가 놀이하는 인간을 '창조적인 의식 활동을 하는 존재'로 이해한 근거 중 하나이다. 인간은 언어로써 미지의 세계를 형상화하였고, 이 상상력을 통해 잠재된 공포를 구체화해 경외의 대상으로 만들었다.

이와 비슷한 예로 수수께끼를 들 수 있다. 고대의 수수께끼는 하나의 답만을 염두에 둔 채로 만들어지지 않는다. 여기에는 인간의 지혜를 겨루고자 하는 목적이 더 크기에, 아무도 맞힐 수 없는 문제를 낸 사람과 그 문제에 그럴듯한 답을 써낸 사람 사이의 팽팽한 지적 승부가 수수께끼를 통해 펼쳐진다. 하위징아는 수수께끼를 철학의 시초로 보고 있다. 불꽃 앞에서 춤추고 노래 부르는 축제만큼이나, 지혜를 겨루는 지적 축제 역시 뜨거운 열정으로 사람들의 즐거움을 불러일으켰다. 고대인의 수수께끼가 어떠한 방식으로 진행되었는지를 살펴볼 수 있는 구절이 있다.

예를 들면 이런 질문들이다. "밑의 땅과 위의 하늘을 떨어지지 않도록 받친 자는 누구이뇨?" "바람과 구름에 속도를 결합시킨 자는 누구이뇨?" "축복받은 빛과 어둠… 잠과 깨어남을 창조한 자는 누구이뇨?" 끝부분쯤에 고대 수수께끼 시합의 흔적을 분명히 보여주는 주목할 만한 구절이 나온다. "이것을 내 그대에게 묻노니 올바로 대답해 주시오. 오 아우라여! 나는 내게 약속되었던 열 마리의 암말, 한 마리의 종마, 한 마리의 낙타를 상으로 얻을 수 있겠나이까?"10

위의 수수께끼 예시는 고대인들이 우주의 질서와 인간의 본질에 대한 끊임없는 탐구를 해왔다는 강력한 증거가 된다. 수수께끼에 참여한 사람의 명예와도 연결된 이 놀이는 때로 목숨을 내놓아야 하는 상황까지 다다르기도 했다. '모가지 수수께끼'11라고 불리는 놀이는 일반적으로 스핑크스를 떠올리면 쉽게 이해가 간다. '모가지 수수께끼'는 재미와 명예, 경쟁 욕구가 조합된 형태로, 놀이의 광기적 측면을 보여준다.

수수께끼에는 난해함과 진지함, 유머와 통쾌함이 내포되어있다. 고대인들이 질문과 대답을 하면서 한바탕 언어의 축제를 벌인 것처럼, 오늘날에도 재미있는 언어 실험을 하면서 많은 대중의 흥미를 유발하는 시도가 이루어지고 있다.

본고는 오늘날 인간의 상상력을 자극하면서 놀이적 즐거움을 불러일으키는 창작 활동으로 패러디(parody)12를 제시하고자 한다. 패러디 형식은 이미 알고 있는 콘텐츠의 변형으로, 원작을 새로운 시각으로 다시 바라볼 수 있게 하는 힘을 갖고 있다. 패러디는 대체로 풍자의 목적을 지닌 채로 재탄생되는 경우가 많았으나, 오늘날에는 원작과 패러디된 작품 사이의 win-win 전략으로 대중의 흥미를 이끌어 두 작품 모두를 인상 깊게 각인시키는 효과를 노리는 경우가 많아지고 있다.

팬택의 베가 아이언은 "단언컨대, 메탈은 가장 완벽한 물질입니다"라는 광고 문구로 주목을 받았다. 패러디 성립의 필수요건 중 하나는 원본의 대중성이다. 원본이 얼마나 많은 사람에게 알려져 있는지에 따라 패러디의 효과가 달라질 수 있기 때문이다. 팬택 광고의 성공은 수많은 패러디로 이어졌다. 그중 팔도 왕뚜껑의 "단언컨대, 뚜껑은 가장 완벽한 물체입니다"는 메이저 기업이 또 다른 메이저 기업의 광고를 패러디한 예로, 기업 간의 패러디 광고가 대중들에게 큰 흥미를 불러일으킬 수 있음을 보여준 사례이다. 이 패러디는 언어의 변형을 통해 원작이 가지고 있던 진지함을 일순간에 무너뜨려 웃음을 유발하고 있다.

또 다른 예로 레오나르도 다 빈치의 〈모나리자〉는 화가 자신의 미의식을 보여주는 대표 작품인 동시에 세계적으로 널리 알려진 명작이다. 이 〈모나리자〉를 콜롬비아 출신의 화가 페르난도 보테로가 패러디하여 이슈 몰이를 한 적이 있다. 페르난도 보테로는 모나리자의 얼굴과 몸집을 비대하게 그려 원작이 갖는 미적 요소를 변형시킨다. 〈12세의 모나리자〉를 접한 관람객들은 웃음이나 당혹감과 함께 '왜 모나리자를 다르게 그렸을까?'라는 질문을 하게 된다. 만약 페르난도 보테로의 모나리자가 아름답게 여겨지지 않는다면, 관람객은 자기 자신에게 이러한 질문을 던질 수 있다. "왜 원작의 모나리자가 더 아름다울까?", "그렇다면 무엇이 아름다운 것인가?" 이는 '아름다움'

Leonardo da Vinci, ⟨Mona Lisa⟩ 1503~1506

자체에 대한 근원적 질문이 될 수 있다.

마치 고대인들이 수수께끼를 내고 서로의 지혜를 겨루면서 즐거움을 느꼈듯이, 현대인들은 패러디를 통해 원작의 문제점을 비판하거나 원작을 빌려 새로운 메시지를 전달하는 것에 즐거움을 느낀다. 현대의 패러디는 그 어느 시대보다 놀이적 성격을 두드러지게 보여주고 있다. 이는 창작의 주체가 일부 예술가들로 국한되지 않고, 누구나 다양한 매체를 활용하여 자기 생각을 표현할 수 있는 오늘날의 특징과 맞물려 나타난 현상이라 할 수 있다. 누구나 블로그, 유튜브, SNS 등에 자신의 창작 활동을 게시할 수 있다. 비전문가가 만든 패러디라 할지라도 그 토대에 기발한 상상의 활동이 있다는 점은 부인할 수 없다. 현대의 호모 루덴스는 지속적으로 삶의 빈틈을 찾아내 새로운 세계에 놀이의 둥지를 틀고자 부단히 노력하고 있다.

이처럼 놀이의 활동은 상상력과 긴밀히 연결되면서 인간에게 무한한 창조의 즐거움을 준다. 놀이의 다양한 효과에 대해 알아본 이 지점에서 노동의 문제를 언급할 필요가 있다. 근대 이후 호모 파베르의 중요성이 강조되면서 상대적으로 놀이의 세계는 축소되었다. 일

부 사람들에게 놀이는 덜 중요하고 고차원적이지 못하고 저급하다
는 편견이 있기도 했다. 이에 다음 장에서는 서로 대립적으로 보이는
호모 파베르와 호모 루덴스라는 두 개념이 오늘날 어떠한 관계망 속
에서 연결되어 있는지를 살피고자 한다.

3. 호모 파베르 vs 호모 루덴스

호모 파베르(Homo Faber)는 본래 대장장이, 목수, 세공인 등을 일
컫는 말이다. 무엇인가를 만들고 생산하는 사람을 지칭하는 것이다.
그렇기에 호모 파베르는 필연적으로 노동과 관련될 수밖에 없다. 이
들은 당장 필요한 것을 만들어내어 실생활에 직접적인 도움을 준다.
즉 이윤을 창출하는 데 필요한 사람들이다.

18세기 이후 서양의 경우를 보면, "전통적인 축제와 공동체의 놀
이 또한 완전히 파괴되어 있었으며, 사람들의 몸과 마음은 알아서 노
동하는 '근면·성실'로 바뀌어 있었다. 산업혁명이 본격적으로 진행

◀ Lewis Hine, 〈Coal breakers〉, 1911 ▶ Lewis Hine, 〈Factory boys on saturday afternoon〉, 1910

되는 18세기 말부터 노동자들은 '게으름에 대한 도덕적 비난' 때문이 아니라 먹고살기 위해서라도 공장의 리듬에 몸을 맞출 수밖에 없었던 것"13이다. 공장 노동자는 휴식을 취할 수 없었다. 잠깐의 휴식은 곧 휴식한 만큼의 업무가 밀려있음을 뜻하는 것이었기에, 휴식은 즐거움이 아니라 부담으로 짐 지워졌다. 반복되는 일상 속에서 노동자는 점점 기계와 한 몸이 되어갔다. 이때 인간을 압도하는 권태의 감각이 인간 사회에 퍼지기 시작한다.

권태는 회색의 공장지대 속 무표정한 얼굴의 사람들이 매일 똑같은 일을 반복하면서 느끼게 된 지루함의 감정이다. 특히 권태는 "외면이 아니라 내면에, 노동 자체가 아니라 노동자의 자의식에 깃들어 있는 것"14이라는 점에서 삶에 대한 정신적 피로도와 무감각을 내포하고 있다. 생계에 대한 부담과 절박함 속에서 삶을 이어나가는 것 외에 다른 활동은 사치로 여겨질 수 있다. 19세기 아동 노동자들의

Edgar De Gas, 〈Repasseuses〉 1884

실태를 고발한 루이스 하인의 사진 작품은 노동의 무게 속에서도 순진무구한 표정을 간직하고 있는 어린아이들의 삶을 보여준다. 루이스 하인의 작품을 감상하며 생경한 기분을 느낀다면 그것은 아이들과 노동의 대응이 서로 어울리지 않기 때문일 것이다. 반복적인 일상에 의한 권태의 감정이 비단 어른만의 것이 아니라는 사실에 사회는 어린이의 권리 그리고 인간의 권리에 대해 생각하게 된다.

에드가 드가는 일상의 한때를 지루한 하품으로 표현함으로써 노동의 권태를 표현한다. 그리고 에드워드 호퍼는 상호소통이 불가능한 채로 유지되는 관계의 권태를 표현한다. 요한 하위징아는 근대로 돌입한 인류에게 남겨진 엄청난 양의 업무를 보고 경악했다. 근대인은 자본에 의해 움직이는 거대한 기계와 같았다. 노동과 놀이를 대립시키는 근본 요인은 무엇일까?

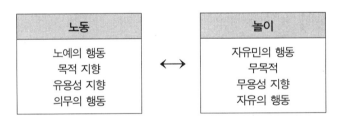

노동		놀이
노예의 행동 목적 지향 유용성 지향 의무의 행동	↔	자유민의 행동 무목적 무용성 지향 자유의 행동

놀이와 노동의 대립[15]

위의 표를 통해 '나'는 지금 왼쪽과 오른쪽 중에 어디에 머물러 있는지를 가늠해 볼 수 있다. 하위징아는 놀이의 중요한 요건 중 '무관심성'(disinterestedness)[16]을 강조한다. 위의 표에 '무목적'이라고 제시된 것과 관련되는데, 인간은 어떠한 실질적 효과를 위해 놀지 않는다는 것이다. '나는 왜 노는가?'라는 질문을 받는다면 대다수가 '그냥', '좋으니까'라고 대답할지도 모른다. 생산적이고 계몽적인 이유를 대지 않을수록 놀이의 본질에 가까워지는 것이다. 놀이에 의한 다양한 효과들이 있겠지만, 이 효과는 결과론에 가깝다.[17] 놀이는 무엇을 위해서가 아니라, 그 자체로 행하는 것이다. 이것이 결정적으로 노동과 놀이의 차이를 만들어내는 부분이다.

이와 같은 관점에서 볼 때, 놀이의 한 종류인 축제는 "본래 무용한 소비 행위이며 일상적 구조 전복의 희열이고 몽상가적 일탈 행위이자 유희적 본성의 문화적 표현이다. 따라서 효율성과 시장가치를 최우선시하는 삶의 관점에서 보면 없어져야 마땅한 쓸데없는 짓"[18]이다. 이쯤에서 우리는 인간의 본성을 놀이하는 인간으로 파악하려 했던 하위징아의 견해로 다시 돌아갈 필요가 있다.

놀이의 가치는 진정한 인간다움에 대한 물음을 이끌어낸다. 자연의 신비에 경탄하고, 주위 사람들과 즐거운 놀이를 하고, 창조적 의식 활동을 통해 이 세계에 대한 호기심을 충족시키는 과정의 가치를 부인할 수 없다. 다양한 방식의 노동을 통해 스스로 능력을 증명해 보여야 하는 오늘날, 놀이는 권태의 무게를 가볍게 만들 수 있는 강력한 힘을 지니고 있다. 노동 속에서 놀이를, 또는 놀이 속에서 노동을 발견하는 방식으로 삶의 균형을 맞출 필요성이 그 어느 때보다도 대두되고 있다.

또 놀이는 타인과의 소통 문제가 심각하게 인식되는 현시점에 중요한 역할을 행할 수 있다. 오늘날 지역 축제가 단순히 경제적인 이득만을 목적으로 열리지 않듯이, 축제는 타인과의 관계 문제로 이어진다는 점에서 사회통합의 중요한 역할을 한다. 축제의 포용성은 "인종, 성별, 학력, 나이를 불문하고 축제에 참여한 모든 사람이 존중과 인정을 받는다고 느껴서 지역 이미지와 호감도를 개선하는 데 축제가 큰 기여한다는 의미로 해석"[19]될 수 있다. 아무리 현실에서 격차를 느낀다고 하더라도, 일정한 규칙이 있는 놀이 세계에서는 누구나 평등해질 수 있는 것이다.

이 평등의 관점은 한편으로 19세기를 재조명할 수 있도록 이끈다. 노동과 놀이의 공존을 위해서는, 노동에 의해 극단적으로 비인간화된 사례만을 제시해서는 안 될 것이기 때문이다. 이와 관련되어 하위징아의 견해를 또 다른 시각에서 접근할 수 있다. 하위징아는 근대 사회로 편입되면서 인간의 삶이 놀이와 멀어지게 되었음을 깨닫는다. 그는 화려한 치장을 하고 지혜를 겨루던 귀족들의 '놀이'가 얼마나 비실용적인 방식으로 즐거움을 추구한 결과인지를 강조한다.

그러나 근대 이후 색색으로 조화를 이루던 다양한 색깔의 옷차림새는 움직이기 편하고 때가 잘 타지 않는 어두운 잿빛으로 변하기 시작했다. 인간의 삶이 실용성을 중시하게 되면서 상대적으로 사치스럽고 잉여적이었던 패션부터 달라졌다. 하위징아는 이를 보며 절망했지만, 근대 이후 놀이의 기회는 더 많은 사람에게 열렸다는 것을 간과해서는 안 된다. 이는 "놀이의 영역에 접근할 수조차 없던 집단에게 19세기는 우울한 몰락의 시기가 아니라 새로운 가능성이 열린 시기"[20]라는 점에서 그러하다. 19세기 이후 놀이는 더는 귀족들의 전유물만은 아니게 된 것이다. 축제 속에서 여러 직업군의 사람들이 각자의 즐거움을 추구할 수 있게 되었다는 사실을 강조할 필요가 있다. 문제는 노동이 삶을 압도하지 않아야 한다는 점이다. 이는 우리 사회에 다양한 축제가 지속해서 열려야 하는 이유이기도 하다.

이제 호모 루덴스와 호모 파베르는 각각 다른 세계에 사는 사람들이 아니다. 현대 사회의 호모 루덴스는 이 어려운 과제를 해나가면서 놀이의 즐거움과 노동의 성취감을 동시에 느끼며 살아간다. 휴식과 노동이 한 공간에서 이루어지는 오늘날, 이 두 세계의 균형을 맞추는 것이 인간의 삶을 더 나은 방향으로 이끄는 방법이 될 수 있다.

4. 마치며

본고는 요한 하위징아의 저서인 『호모 루덴스』를 참조하여 현대 사회의 호모 루덴스가 어떠한 형태로 드러나고 있는지를 살피고자 하였다. 인간의 본성을 유희의 관점에서 파악한 하위징아는 놀이의 중요성에 대해 강조한다. 놀이에 대한 편견 어린 시선에서 벗어나 놀이가 지닌 창조력에 대해 진지하게 논의한 하위징아의 저서는 현재 이 시점에도 유효하게 적용될 수 있는 문제의식을 내포하고 있다. 또 본고는 어린아이의 유치한 행위로 치부했던 놀이를 연구의 주제로 삼은 최초의 연구자라는 점에서 하위징아의 논의를 먼저 다루고자 하였다.

하위징아는 놀이의 특징을 두 가지로 정리한다. 첫째는 자유이고, 둘째는 비일상성이다. 이 두 가지 특징은 놀이와 축제 모두에 적용될 수 있다. 본고에서 현대 사회의 호모 루덴스에 대해 다루면서 축제를 언급한 까닭은 놀이의 에너지가 집약적으로 폭발하게 되는 곳이 바로 축제의 현장이기 때문이다. 축제는 집단의 모임이다. 따라서 축제에는 자연스럽게 개인과 개인의 만남이라는 관계성의 문제가 따라붙게 된다. 한 공간에서 같은 놀이를 한다는 안도감과 일체감은 축제에 광기적 성격을 덧씌우는 결정적 계기가 된다.

본고는 고대인들의 제의에 활용되었던 은유법과 의인법, 수수께끼의 예를 들어, 고대인들의 제의 과정에 상상력의 즐거움이 있었음을 살펴보았다. 바람과 물, 불, 흙과 같은 물질에 이름을 붙이거나, 인간의 행동을 변화시키는 다양한 감정들에 이름을 붙임으로써, 인간은 자연의 질서에 손을 뻗어 미지의 세계에 가까이 다가가게 된다. 예를 들어, 로마의 인디기타멘타는 각 개인을 집단으로 묶어 사회를 안정시키는 데 큰 역할을 한다. 인간은 언어로써 새로운 세계를 형상화하였고, 이 상상력을 통해 잠재된 공포를 구체화시켜 경외의 대상으로 만들었다.

본고는 이와 같은 인간의 놀이적 본성을 발견할 수 있는 예로 오늘날의 패러디 형식을 들었다. 패러디는 일차적으로 웃음을 유발한다는 점에서 유희적이고, 원작의 내용을 비틀어 새로운 시각을 선보인다는 점에서 지적인 행위이다. 오늘날의 대중들은 패러디를 통해 각각의 서로 다른 관점을 확인할 수 있다. 이와 같은 놀이 문화는 다양성 아래 대중들의 개성을 자유롭게 보장해주는 사회를 만들어낼 수 있다.

마지막으로 본고는 호모 파베르와 호모 루덴스를 나란히 놓아, 두 개념이 오늘날 어떠한 관계망 속에서 연결되어 있는지를 살피고자 하였다. 반복되는 노동은 권태의 문제를 낳고, 무분별한 놀이는 태만을 낳을 수 있다. 때문에 우리는 노동과 놀이 사이에 균형을 세워 안정과 즐거움을 추구하는 방향으로 삶의 시간을 재정립할 필요가 있다.

1 류정아, 『축제의 원칙』(커뮤니케이션북스, 2012), viii.

2 Huizinga는 호이징하, 하이징하, 호이징아, 하위징아 등 여러 표기방식이 있는데, 여기서는 외래어표기법에 따라 하위징아로 쓴다.

3 요한 호이징하/김윤수 역, 『호모 루덴스』(까치글방, 1998), 7.

4 위의 책, 39. 하위징아는 놀이를 축제보다 더 본질적인 인간의 행위로 파악하고 있다. 본고 역시 인간의 본성을 이해하기 위한 큰 틀로써 '놀이'를 호명하고, 인간의 놀이 본성에 의해 만들어진 집단적 모임을 '축제'로 이해하고자 한다.

5 위의 책, 19-20.

6 김규원, "축제의 비일상성과 색채의 역할", 『한국색채학회 학술대회』(한국색채학회, 2005), 3.

7 요한 하위징아, 앞의 책, 25.

8 위의 책, 30.

9 위의 책, 211.

10 위의 책, 176-177. 하위징아는 고대 수수께끼 시합의 형태를 보여주는 『야스나 경』 44장 중 일부를 인용하고 있다.

11 위의 책, 168.

12 패러디는 "특정 작가의 작품이나 특정 유파의 창작 방법을 흉내 내어 새로운 작품을 창작하는 방법, 혹은 그러한 방법으로 창작된 작품"을 뜻한다. 또한 패러디는 "원작을 흉내 내어 비틀 뿐만 아니라 희화화의 대상에 대한 깊이 있는 분석, 비판적 안목을 보여 주기도 한다. 따라서 모방이나 표절이 아니라 하나의 창조이다. 패러디 작가는 재현의 힘과 한계를 동시에 깨달으면서 원작과의 긴장 관계를 언제나 의식해야 한다"는 목표를 갖는다. 한국문화예술위원회, 『100년의 문학용어 사전』(도서출판 아시아, 2008), 759.

13 한경애, 『놀이의 달인, 호모 루덴스』(그린비, 2007), 41-43.

14 김종갑, "근대의 증상으로서 지루함", 몸문화연구소, 『권태-지루함의 아나토미』(자음과모음, 2013), 70.

15 노명우, 『호모 루덴스, 놀이하는 인간을 꿈꾸다』(사계절, 2015), 195.

16 요한 하위징아, 앞의 책, 20.

17 하위징아가 정리한 놀이의 효과는 과잉된 생명력의 발산, 모방 본능의 충족, 긴장 완화에 대한 욕구, 미래를 대비하기 위한 젊은이들의 훈련, 자제 훈련, 경쟁하려는 천성적인 충동, 과소비된 에너지의 보상, 해로운 충동의 돌파구, 소망 실천, 인격감을 유지하는 것 등과 같다. 위의 책, 10-11.

하위징아에 따르면, 지금 나열된 것들은 "놀이 자체가 아닌 어떠한 것을 위한 것이라는, 어떠한 생물학적 목적이 있다는 가정에서 시작"된다. 위의 책, 11.

18 류정아, 『축제의 원칙』(커뮤니케이션북스, 2012), ix.

19 류정아, 『축제와 융합 콘텐츠 전략』(커뮤니케이션북스, 2015), 30.

20 노명우, 앞의 책, 196. 이와 관련된 논의는 이 책의 II장을 참고하면 좋을 것이다. 특히 19세기를 기점으로 달라진 인간의 의복과 관련된 부분은 8장 "호모 루덴스가 사라진 19세기"를 참고할 수 있다.

카니발의 유래와 그 현대적 의미*

김태연

1. 들어가며

축제는 우리의 삶의 흐름 속에서 일정한 주기에 맞추어 열리는 특징을 가진다. 축제일을 인간집단이 대규모로 '축하하는 날'로 이해한다면, 한국에서 전 국민이 참여하는 대표적인 축제일로서는 설날과 추석을 꼽을 수 있을 것이다. 설날과 추석은 일반적으로 축제보다는 '명절'(名節)로 일컬어진다. 서구의 경우, 기독교의 축제일인 부활절과 추수감사절 그리고 성탄절이야말로 가장 대표적인 축제날이자 명절일 것이다. 이때는 우리의 경우와 마찬가지로 여기저기 흩어져 있던 가족들이 함께 모인다. 특히 부활절과 성탄절의 경우, 한국에서의 설날과 추석에 온 나라가 들썩이는 귀성길과 귀경길과 비슷한 풍경이 펼쳐진다.

* 이 글은 「인문학연구」 47호(2018. 12)에 게재된 필자의 논문을 본서의 취지에 맞도록 수정·보완한 것입니다.

카니발의 유래와 그 현대적 의미 _ 김태연 | 43

종교적인 의미가 희박해진 상황 속에서 현대 사회에서의 축제의 의미를 성찰할 때 종교성에 대하여 생각해본다는 것은 구시대적인 발상, 시대착오적인 것으로 생각될 수 있을 것이다. 하지만 과연 현대인의 축제에 있어 종교 의례적 의미가 완전히 사라졌다고 할 수 있을까? 현재 한국에서 행해지고 있는 많은 축제는 상업적인 의미에서 지역사회의 발전과 관광문화 자원 개발과 진흥을 위한 의도에서 기획되는 경우가 많다. 세속화된 사회 그리고 첨단 과학문명 속에서 살아가는 현대인에게 있어 축제와 긴밀하게 연관되었던 종교적 의미를 되새긴다는 것은 불필요한 일일지도 모른다. 그러나 과거로부터 면면히 이어져 내려와 아직 수행되고 있는 축제들의 경우에는 종교적 의례적 의미의 정도가 제각각이자 희미하다 하더라도 그것이 완전히 상실되지 않고 있다. 그것은 현대인에게도 축제의 종교적-의례적 의미가 망각되거나 미신적인 것으로 폐기될 것으로 치부되기보다는 분명히 생에 활기와 희망을 불어 넣어주는 것으로 의식적으로나 무의식적으로 간주되기 때문일 것이다.

기독교 문화권에서 이러한 부활절과 성탄절과 달리 예수 그리스도의 수난 시기인 사순절 기간 이전에 벌어지는 축제는 그 위치가 특별하다. 보통 카니발이라고 불리는 이 축제는, 우리에게 브라질의 리우 카니발(Rio carneval)을 통해 잘 알려져 있다. 세계 최대 규모로 화려하게 벌어지는 브라질의 카니발은, 축제일을 제외한 나머지 시간을 그 준비에 소모하는 삼바학교나 참가팀들이 있는 만큼 중요한 축제로서 매우 상업화되어 있다. 엄청난 물량과 화려함으로 치장한 카니발이 텔레비전을 통해 전 세계의 뉴스를 장식하는 것과 달리, 다른 나라들의 경우 카니발을 개최하는 각 도시의 특성대로 소박하고도 시민 참여적으로 이루어지기도 한다. 또 카니발의 행렬은 종교적 문화적인 의미를 넘어서 정치권에 대한 해학과 풍자가 이루어지는 형태로도 이루어진다.

카니발에서 특징적인 것은 익살스럽고 해학적인 가면, 화려한 분장과 소품이 동원된 사람들의 행렬이다. 화려한 춤과 음악도 중요하지만 카니발 참여자들에게 중요한 것은 일상의 나와는 전혀 다른 무엇으로 분장, 변장하는 것이다. 이러한 점에서 카니발은 종교전통에서 비롯된 축제이지만 일종의 경계 넘나들기를 시도하는 놀이 장르에 속한다고 할 수 있다. 이는 인류학자 빅터 터너(Victor Turner)가 주목한 현대 사회에서 발현되는 리미노이드의 일환으로도 볼 수 있다.

본고는 카니발에 역사에 대해 고찰하며 그 축제와 의례로서의 현대적 의미에 대해 고찰하고자 한다. 이를 위하여 먼저 카니발의 기원인 기독교 전통에서의 사순절 기간의 금식과 금육 전통에 대해서 알아본다. 그리고 사순절 시작 전의 축제로서의 카니발의 기원에 대해 살펴본다. 이후 카니발이 비신화화와 세속화가 이루어진 현대 사회에서도 활발하게 이루어지는 이유 및 현대인들에게 있어 카니발이 적극적으로 수용되는 이유에 대해서 알아보기 위해, 축제와 카니발에 관련된 인류학적 작업을 살펴볼 것이다. 이를 통해 오늘날 활발하게 전개되고 있는 카니발의 현대적 의미에 대해 고찰하고자 한다.

2. 기독교 전통으로서의 카니발

카니발이라는 축제가 순수한 기독교적 전통으로부터 출발한 것은 아니다. 어느 시대와 지역이나 인류의 역사 속에서 가면을 쓰고 유희를 즐기는 놀이는 늘 있었다. 기독교의 입장에서 이교적 관습들은 달갑지 않았겠지만 농경 사회의 주기 속에 뿌리내린 계절적 축제들은 완전히 없어지지 않았다. 그것들은 기독교적 의미와 색채가 가미되어 유지되는데, 카니발도 그중 하나이다. 봄이 본격적으로 시작되는 시기에 열리는 카니발은 본래 로마의 2월 축제라는 설이 있다.[1] 현재까지 이어지고 있는 축제로서의 카니발은 부활절과 사순절 이전에 펼쳐지는 기독교의 축제이다. 부활절은 기독교 최초의 공의회인 니케아 공의회(325년)에서 공식적으로 결정되었다. 성경의 복음서에 따르면 십자가 처형은 안식일 전날이었다. 특히 공관복음서에 따르면 십자가 처형은 유월절 축제 오후에 일어났다. 이후 부활은 예수가 처형되고 삼 일째 되는 날이었다. 엇갈리는 설명이 있으나 종합해볼 때, 최후의 만찬은 목요일, 금요일은 수난과 죽음 그리고 안식일인 토요일이 지나 일요일이 부활절로 계산이 되는 것이다. 이에 부활절이 유대교의 유월절 이후 일요일로 결정된다. 그리고 니케아 공의회에서 부활절 이전의 40일간의 준비 기간이 확정된다.

1) 카니발의 어원적 유래

카니발과 그에 상응하는 독일어 '파스나흐트'(Fastnacht)의 어원에 대해서는 여러 가지 이견들이 있었다. 어원적 기원뿐 아니라 카니발의 풍습 또한 기독교가 아닌 기독교 이전의 전통들과의 연계 속에서 논의하려는 시도가 있었다. 현재 카니발은 기독교의 사순절 전통으로부터 비롯되었으며 그 전통 또한 거기에서 비롯되어 계속 발전해

왔다는 것이 정설이다.2 카니발(영: Carnival; 독: Karneval)은 라틴어의 carislevamen, carnisprivium, carnetollendas 즉 '고기를 치워 버린다'라는 뜻에서 유래한다. carnelevare로 쓰이던 단어는 car-nelevale로 발음이 변화되고, 여기에서 농담조로 carne-vale, 즉 "고기여, 안녕!"이라는 표현도 등장하게 되었다.3 사육제(謝肉祭)라는 번역에서도 알 수 있듯이 카니발은 고기를 금한다는 금육(禁肉)에서 비롯된 용어이기에, 이것이 기독교의 금식 기간과 긴밀한 연관이 있음을 우리는 쉽게 파악할 수 있다. 기독교 문화권에서 육식을 금하거나 금식을 권장하는 대표적인 기간은 예수 그리스도의 죽음 이후 부활절 이전까지의 사순절 기간이다.

일상을 탈출하여 해학과 익살이 넘치는 축젯날이 금식과 연관되어 있음은 매우 흥미로운 점이다. 금육과 금식의 기간이 시작되는 바로 전날의 축제야말로 사람들로 하여 그날을 최선을 다해 즐기도록 이끄는 동인이 되었을 것이다. 카니발의 바로 다음 날부터 예수 그리스도의 수난 절기가 시작되니 말이다. 여기에서 우리는 카니발이라는 축제의 기쁨은 기독교에서 가장 중요하게 여기는 근원적 고통과 수난과 정반대의 지점에 연결되어 있음을 발견할 수 있다.

카니발에 해당하는 단어로 독일에서 쓰이는 파스나흐트(Fastnacht)에 대해서도 기독교적 출발이 아닌 매우 먼 고대로부터 비롯된 혹은 소위 이교적(heidnisch) 축제로부터 기원하는 것을 증명하려는 어원 연구도 있었다. 하지만 이 또한 카니발과 마찬가지로 기독교 전통으로부터 기원한다. 파스나흐트는 중부 고지대 독일어에서 유래하는데, vas(t)(en)nacht, 즉 '금식 (시작) 전날 밤'이란 뜻으로도 이해할 수 있다. 하지만 'Fasten'은 독일 남부 바이에른 지역에서 광범위하게 사용하는 'Fasching'과 더 긴밀하다. 'Fasching'은 본래 'vaschang', 'vastschanc'에서 비롯되었는데, 이는 '금식기간에 마시는 음료를 (컵에) 따른다'는 뜻과 관련이 있다.[4] 우리에게는 금식 음료를 따라낸다는 표현의 의미가 잘 다가오지 않는데, 이는 수도원의 금식전통을 통해 쉽게 이해할 수 있다. 사순절 금식기간 동안 수도원의 승려들은 알코올 도수가 높은 독하고 진한 맥주를 만들어 마시며 체력을 유지하려 했다. 이 맥주를 파스트비어(Fastbier), 슈타크비어(Starkbier)라 혹은 도펠보크(Doppelbock)라고 부른다.[5]

2) 금식과 금육, 재의 수요일

우리는 카니발이나, 파스나흐트, 파쉥 등의 용어가 금식과 금육과 연관되어 비롯되었음을 살펴보았다. 그렇다면 금식과 금육의 전통은 언제 어떻게 출현하였을까? 그것이 과연 기독교에서만의 전통일까? 금식 행위는 종교사적으로 재앙을 피하거나 순화 내지 정화(카타르시스)적 동기로 수행되었으며 이는 대부분 종교문화전통에서 발견되는 것이다. 금식은 늘 반드시 금욕적인 동기로 수행된 것만은 아니었다 하더라도. 먹고 마시는 것은 해롭고 위험한 힘에 쉽게 영향을 받을 수 있는 것으로 간주되어 악령이 자리 잡을 수 있다는 믿음이 있었다. 샤먼이나 주술사는 자신의 주술적 힘을 획득하거나 강화하기 위한 목적으로 금식을 하면서 자신을 정화하기도 했다. 통과의례적 의미로서 수행된 금식 또한 자기 정화의 동기에서 비롯된 것이다.

초기 기독교 전통에서는 세례식이 거행되기 이전에 세례받는 이는 금식으로서 자신의 몸과 마음을 닦으며 그날을 준비했다. 자기 수

양적이거나 예언자적 의미에서의 금식 또한 있었으니 이는 시내산의 모세, 광야에서의 예수, 히라산 동굴에서의 무함마드, 보리수나무 밑에서의 부처 등이 모두 금식 수행을 했다. 윤리적 차원으로서 금식은 자신의 죄를 참회하기 위해서 이루어지기도 했다. 이 또한 다양한 종교전통에서 찾아볼 수 있다.

마지막으로는 금식은 애도를 위해서 이루어지기도 했다. 파라오가 사망했을 때 이집트인들은 금식했으며 오디세이에서 헥토르의 죽음 후에 프리아모스는 금식했다. 구약성서에서 다윗은 사울왕과 그의 아들들이 죽었을 때 그리고 자신의 자녀가 죽었을 때 이를 애도하며 금식했다.6 금식의 기독교적 의미는 특정한 시기인 사순절이나, 기독교적 의미에서 전적으로 중생한 새 사람으로서의 탄생을 뜻하는 세례 이전으로만 한정되지 않는다. 그것은 기독교 전통에서 금욕 혹은 수덕(Askese)을 위해 자신의 몸의 욕망을 다스리는 중요한 수행의 수단이기도 했다.

기독교 전통으로서의 장기간의 금식기간은 예수 그리스도의 수난 기간인 사순절 기에 이루어진다. 사순절 기간은 기독교 전통 속에서 단 한 번의 의무적인 금식기간이었다. 또 사순절 전 기간에 걸친 금식은 아니었다. 초대교회 전통에서도 금식이 강조된 기간은 부활절 전 주, 특히 부활절 바로 2~3일 정도였다. 중세 시기에는 부활절 전 사순절 기간 동안 금식을 강조했으며 금식이 참회에 도움이 된다고 여겼다. 아리스토텔레스의 생리학에 따라, 오후 3시로 식사시간을 미루고 특히 금육했지만, 포도주는 허용되었다. 생선의 섭취는 제한되지 않았는데 대부분 사람이 생선보다는 고기를 좋아하기 때문이었다.7 재의 수요일부터 시작하는 사순, 즉 40일의 기간은 예수의 수난을 기억하는 것과 연관되지만 직접 예수 그리스도의 광야에서 40일간 금식 기간과 연관된다. 개신교의 경우 종교개혁가 루터는 수도원 생활 동안 금식이 자기 수행의 효과보다도 인간의 욕망을 더욱 부채질하는 것을 경험했기에, 의무적인 금식을 강조하지 않았다. 또 스위스 취리히의 종교개혁가 츠빙글리는 사순절 기간 동안의 금육의 의무를 어긴 이들을 변호하였는데, 이 금육 의무에 대한 논란 및 논쟁으로 촉발된 것이 바로 취리히시의 종교개혁이었다.

그렇다면 금식과 금육의 시간을 좀 더 강조하는 로마 가톨릭 전통에서만 카니발을 성대하게 치룰까? 아무래도 로마 가톨릭의 종교적 전통 속에서 카니발이 훨씬 성대하고 집중적으로 열리는 경향을 우리는 발견할 수 있다. 대표적 국가로는 이탈리아와 브라질을 들 수 있을 것이다. 본고에서 마지막에서 잠시 살펴볼 독일의 경우에도 전통적으로 가톨릭이 우세한 지역인 쾰른과 마인츠의 카니발 축제가 가장 유명하다. 하지만 카니발은 이제 국민축제(Volksfest)로 일컬어지는 만큼 신교와 구교 등 종교와는 상관없이 한 도시의 시민으로서 누구나 자유롭게 참여가 가능하다. 보통 11월과 12월에 각 도시의 카니발위원회(Karnevalausschuss)에 미리 신청 및 등록을 해야 다음 해에 열리는 카니발에 참가가 가능하다. 카니발의 시작일은 지역마다 전통에 따라 차이가 있다. 하지만 그 종료 시점은 교회력에 따라 재의 수요일(Aschermittwoch) 시작 전날이다.

3. 리미널리티와 커뮤니타스로서의 카니발

앞에서 우리는 카니발의 종교적 기원에 대해 살펴보았다. 카니발이라는 축제가 세속화된 현대 사회에서 즐거운 집단적 놀이 문화로 이해되더라도, 여전히 기독교의 교회력과 시기적으로 긴밀하게 연동되고 있다. 또 카니발은 소위 기독교를 근간으로 하는 문화권에서 성대하게 거행되고 있다. 이러한 기본적인 조건들을 통해 우리는 카니발을 종교적 의례와 연관 지어 살펴보아야 할 필요가 있을 것이다. 더불어 오늘날도 활발하게 이루어지고 있는 카니발의 현대적 의미에 대해서도 생각해보아야 할 것이다. 다음에서는 카니발이라는 축제를 분석하기 위한 분석범주로서 '통과의례'와 '리미널리티'의 개념에 대해 살펴보도록 하자.

1) 축제의 분석 범주로서의 '통과의례'

카니발은 일상에서 사순절 금식기간으로 이동하는 중간 단계로서의 종교적 제의로부터 출발한 축제이다. 일상에서 비일상으로 넘어가는 카니발의 경계성을 주목해 본다면, 빅터 터너(Victor Witter Turner, 1920-1983)가 제시한 '리미널리티' 개념을 통해 우리는 축제의 경계성에 대한 통찰을 얻을 수 있다.

종교적 제의에 대한 분석에서 매우 중요한 의미를 지닌 개념은 아놀드 반 제넵(Arnold Van Gennep, 1873~1957)의 '통과의례'이다.8 빅터 터너는 이 통과의례 개념을 차용하여 심화 발전시켰다. 반 제넵의 대표적 저서 『통과의례』(Les rites de passage)(1909년)는 20세기 초반의 저술이지만 지금까지도 영향력을 끼치고 있는 중요한 역작이다. 물론 그가 당대보다 지금 주목받는 이유에는 빅터 터너가 이 개념을 풍요롭게 재해석했기 때문이다. 한국의 경우 1985년의 영역본으로부터 번역한 것이 반 제넵의 유일한 한국어 역본이다.9

리미널리티 개념에 대해 좀 더 깊이 알아보기 전에, 반 제넵의 논의에 대해 살펴보자. 우리 시대에 있어 이제 '통과의례'란 개념은 흔하게 쓰이는 일반적인 용어가 되었다. 하지만 이 용어는 반 제넵이 사용하기 시작하였다. 반 제넵은 통과의례를 설명하기 위한 의도로 리미널리티의 개념을 사용하고 있다. 또 그가 자신의 책, 『통과의례』에서 당대의 자료들을 토대로 논의하고 있는 각 나라 혹은 부족들에 관한 민족지 데이터들을 지금 현시대에도 영향력 있는 자료로 사용하는 것에는 무리가 따른다. 하지만 그의 의례에 대한 통찰을 통해 제시한 '통과의례'(rites of passage) 개념 정의 및 그것을 세 가지 단계로 구분한 것은 현재에도 우리가 인간의 삶을 분화하여 바라볼 수 있는 강력한 렌즈로 활용될 수 있다.

그는 통과의례를 "한 상황에서 다른 상황으로의 또는 특정의 사회적 또는 우주적 세계에서 다른 세계로의 통과에 수반되는 모든 의식의 유형… 이와 같은 전이(transition)"로 정의한다. 통과의례의 세 가지 단계는 "분리 의례(rites of separation), 전이 의례(rites of transition), 통합 의례(rites of incorporation)"인데 이것은 다시 <u>문지방을 가리키는</u> '역'(閾, limen)의 의미를 이용하여 순서대로 "전역치 의례(preliminal rites), 역치 의례(liminal rites), 후역치 의례(postliminal rites)"라고 표현할 수 있다.10

반 제넵은 다윈의 진화론으로부터 비롯된 사회진화론적 사고방식의 여파가 아직도 시대정신으로 지배적이었으며 야만에서 문명으로, 종교적으로는 애니미즘에서 다신론으로, 최종적으로는 유일신론으로의 단계적인 발전 및 진화에 대한 믿음이 팽배한 시절에 활동했다. 서구에서의 인류학과 종교학은 물론 모든 학문 분과들이 진화론적 사고에 사로잡혀 문명과 야만을 철저히 분리하며 자신들을 문명의 축에 두고 비서구권을 재단하던 시절이었다. 이러한 학문적 담론이 지배하던 시기에, 반 제넵은 놀랍게도 비서구권의 민족지(Ethnographie)와 유럽 농촌의 주민집단에 관한 민족지 사이에 본질적으로는 별 차이가 없다는 전제 속에서 그의 연구를 전개했다. 물론 농촌집단에 대한 시각에 있어서는 여전히 편견이 있다고 볼 수 있겠지만, 이러한 점은 그를 20세기 초의 시대정신을 극복한 학자로 평가할 수 있는 근거를 제공한다.[11] 이로서 통과의례 이론은 당시의 문명과 야만의 이분법적 틀을 넘어서 모든 인간과 사회 집단에 적용할 수 있는 분석범주로서 광범위하게 수용되게 되었다.

우리는 인간의 삶과 사회의 주요한 순간들에 통과의례라는 개념을 적용하여 생각해 볼 수 있다. 임신과 출산, 백일 기념과 돌잔치, 결혼과 신혼여행, 죽음과 장례식 등뿐만 아니라 종교적으로는—주로 기독교를 생각해보면— 세례나 견신례, 성지순례와 같은 것을 예로 들 수 있다. 성탄절 이전의 성탄 전야(크리스마스 이브)가 중요하게 여겨지는 것 그리고 한 해의 가장 마지막 날 보신각에서 타종하며 그다음 해를 맞이하는 의식 등 또한 생각해볼 수 있을 것이다.

우리가 지금 주요하게 다루고 있는 카니발 또한 전이(transition) 의례로서의 사순절 시작 전의 축제로 바라보며 그 의미를 찾아본다면, 반 제넵이 말한 일종의 '전역치 의례', 즉 '분리'로서 생각할 수 있을 것이다. 이때 카니발은 사람들이 본래 자신의 위치에서 분리되는 기간이다. 하지만 부활절을 통합 의례로 바라본다면 카니발과 사순절 기간을 모두 포함하여 전이 의례로도 생각해볼 수 있을 것이다. 전이의 기간인 카니발 동안 사람들은 남성과 여성의 성을 뒤바꿔 분장하거나, 어른이 아이처럼, 혹은 우스꽝스러운 광대 등의 모습으로 변장한다. 이는 기존의 공고하게 자리 잡은 사회적 위계질서의 전폭적인 역전을 보여준다. 일상의 관습과 질서를 탈피, 혹은 과장하거나 인간 세상을 조롱하고 풍자하는 일, 기존의 터부를 무시해버리는 행위를 수행할 수 있다.

제넵의 통과의례에 대한 논의는 이토록 우리의 삶의 단계에 적용시켜 생각해볼 수 있는 중요한 계기를 마련해주었다. 그러나 여기에서는 각 분리, 전이, 통합의 단계에 대해 설명이 가능하지만 각각의 단계로 넘어가는 과정에 대한 고찰과 각 단계에 내포된 풍부한 상징들의 의미체계를 파악하기에는 부족한 점을 발견할 수 있다. 다음에서는 반 제넵의 논의를 받아들여 인류학적으로 심화시킨 빅터 터너의 작업에 대해 살펴보겠다.

2) 빅터 터너의 리미널, 리미널리티, 커뮤니타스

빅터 터너는 해석상의 전환(interpretative Wende)을 이끈 영향력 있는 인류학자이자 문화학자이다. 그는 인간을 비롯하여 소위 인간 과학(Humanwissenschaft, human sciences)의 방대한 영역을 포착할 수 있는 관점을 제시했다. 터너의 관점에 힘입어 우리는 비교적 균질하게 인식되는 사회구조 및 사회를 둘러싼 환경을 분화하여 조명할 수 있는 분류와 의미체계, 그리고 변혁의 과정을 면밀하게 살필 수 있다. 터너는 개인적, 사회적 변화의 과정과 갈등, 위기로 인해 비롯되는 단절의 상황에 주목함으로써 제의적 상징의 역동성과 그와 더불어 작동하고 있는 권력에 대해 고찰했다. 특히 그는 아프리카 현지조사 이후에 종교의 중요성을 깊이 인식하여, 개인과 사회 및 문화를 가장 근본적으로 관통하는 종교적 의미를 고찰했다.[12]

반 제넵이 한 단계에서 다른 단계로 넘어가는 '통과'에 초점을 맞추었다면, 빅터 터너는 이 단계도 저 단계도 아닌 접경지대, 즉 경계선 사이에 놓인 문턱이라는 시공간에 관심을 갖고 접근하였다. 이로써 탄생하게 되는 것이 "이도 저도 아닌 어중간한: 통과의례의 리미널한 기간"(Betwixt and Between: The Liminal Period in *Rites de Passage*)(1964)라는 연구논문이다.[13] 그의 저술 중 가장 유명하고 가장 영향력 있는 이 논문은 저자 자신 또한 영국에서 미국의 코넬 대학으로 가기 위해 이주를 준비하며 비자를 준비하던 '리미널한' 시기에 탄생했다.[14] 또 이 1960년은 20세기 초반에 출판된 반 제넵의 『통과의례』가 영문으로 번역된 때이기도 하기에 영미 인류학계에서 가장 최신의 책이었고 빅터 터너가 이를 접하게 된 것이다.[15]

'리미널'(liminal), '리미널리티'(liminality)는 라틴어 리멘(limen)에서 비롯된 개념으로서 리멘의 의미는 '식', '문지방', '문턱'이라는 뜻이다. 이는 제넵이 말한 전이의 단계에 속하는데, 공간적인 의미뿐아니라 시간적 의미도 포함하고 있다. 이쪽도 저쪽도 아닌 어정쩡한 상태인 문지방 단계의 시공간은 예를 들어 어떠한 중요한 사건이나 의례, 축일의 전날 혹은 전야를 의미한다. 빅터 터너는 제넵의 리미널리티에 대한 논의를 좀 더 광범위한 문화적 의미로 확장시킨다. 특

히 그는 인간의 복잡다단한 문화적 상징들을 분석하기 위해 비교상
징학(comparative symbology)을 제시하면서 그 안에서 리미널과 리
미널리티 개념을 상술하고 있다. 따라서 이 개념을 이해하기 위해서
비교 상징학에 대한 선이해가 반드시 필요하다.

비교 종교학이나 비교 문화학도 아닌, 터너가 제안하고 있는 비
교상징학이란 과연 무엇인가? 그는 비교상징학이 기호나 상징을 분
석하는 기존의 기호학(semiotics, semiology)에 비해서는 그 범위가
협소하나, 상징인류학(symbolic anthropology)보다는 넓다고 설명
하고 있다. [16] "기호에 대한 일반적인 학문"인 기호학은 모든 기호와
관련되어 있으므로 매우 광범위하기에 기호학보다는 비교상징학의
범위가 좁다는 것은 이해가 쉽다. 그러나 상징 인류학과의 비교는 어
떻게 이해할 수 있을까?

상징 인류학을 대표하는 학자는 메리 더글러스(Mary Douglas,
1921~2007)이다. 더글러스는 상징과 그와 연관된 기표 자체에 주목
하기보다는 상징에 얽힌 개인이나 집단의 표현 행위에 주목했다. 제
임스 프레이저(James G. Fraser, 1854~1941)와 같은 고전 사회인류학적
관점에서는 종교적 제의나 마법을 사회진화론적 관점에서 바라보는
한계가 있어, 그것들을 과학성의 전 단계에 머무른 행위, 자연법칙을
잘 이해하지 못해 나온 것으로 보는 경향이 있었다. 발현된 행위의
표본에 집착하여 그 상징적 의미를 읽어내지 못한 결과였다.

반면 더글러스는 제의나 마법이라는 어떠한 행위가 사회의 존속
및 유지를 위해 제거, 배제시키는 효과로서 작동한다는 메타적 의미
를 발견했다. 이러한 관점을 통해 더글러스는 원시인 혹은 야만인 대
현대 문명인이라는 이분법적 관점을 인류학에서 제거하는 공헌을

세웠다. 문명의 상태가 어떠한 것이든 간에, 첨단의 과학기술문명을 자랑하는 사회라고 할지라도 이러한 사회 유지를 위한 제거와 배제의 행위가 이루어지고 있기 때문이다. 더글러스는 또한 과거 고전적 구조 기능주의적 관점의 인류학자들이 각 사회의 복잡성으로 인해 다른 사회의 비교하는 것을 의문시했던 것을 넘어서려 했다. 그는 상징들의 의미와 느낌을 단순화하여, 몇 개의 큰 부류로 구분하고 분류하는 것을 시도했는데, 이로써 비교를 다시 인류학의 중요한 방법론적 도구로 가지고 왔다.[17]

빅터 터너는 더글러스의 기여를 수용하면서도, 더글러스가 상징에 대한 발화나 문헌적 서술에 중점을 두고 연구한 것에서 한 걸음 더 나아갔다. 그의 비교상징은 "제의와 예술 속에 있는 많은 종류의 비언어적 상징들"에 중요성을 간과하지 않기에, 문자로 표현된 장르, 각종 내러티브 그리고 행위적 수행으로 이루어지는 비언어적 형식의 활동까지 망라한다.[18] 이때 터너는 상징을 정적인 사물(thing)로 인식하기보다는 사건(event)으로 파악했다. 비교상징학에서는 상징을 무시간성, 시원성에 고착시켜 바라보지 않고 사건으로서 상징이 등장하는 사회, 문화적 맥락과 그 변화과정을 이해하고자 노력한다.

따라서 그는 상징을 "시간을 뛰어넘고 형식을 바꾸면서 의미를 버리고 모으는 사회-문화적인 역동적 체계"로 정의한다. 상징은 기표와 기의로서 인식 가능하지만 상징이 떠오르는 복잡다단하고 가변적인 맥락과 그 맥락에 포함되는 인간의 가변성을 고려한다면, 상징은 인간 행동의 요인으로서 '창조적이고 획기적인 잠재력'을 내포한 것이다.[19] 사회적 변화 과정에 포함된 다양한 상징들은 인간집단이나 개개인이 추구하는 관심사나 목표, 이상과 긴밀한 관련을 맺고 있다. 비교상징학을 통해 우리는 사회 전반의 모든 현상, 과거에서 현재까지 그리고 부족사회에서 현대 문명사회에까지 모든 사회 형태에서 드러나는 상징들을 해석할 수 있다.

이러한 빅터 터너의 비교상징학이 탄생하는 배경의 기반에는 그의 실험적 학문정신이 자리잡고 있었다. 학문적으로 인류학적 전통이 풍성한 시카고 대학에서 활동하게 된 1970년대에 그는 부인 에디트 터너와 함께 매주 목요일 밤, 자신들의 집에서 세미나를 열었다. 그곳에서 터너는 학문적 동료들, 제자들과 더불어 열띤 토론의 시간은 물론 퍼포먼스—예를 들어 아메리카 인디언의 이로쿼이 제의와 같은 것을 직접 수행하는 시간을 갖기도 했다. 이러한 목요일 밤의 세미나에서의 새로운 시도는 반 제넵의 전이단계 제의—리멘의 상태를 직접 경험하는 실험적 장이 되었다. 이 틈새의 리미널리티 시공간 속에서 참여자들은 선생과 제자라는 위계질서가 무화되고 기존의 정형화된 상태에서 벗어난 '커뮤니타스'(communitas)적 사회 상태를 경험했다.[20]

여기에서 '커뮤니타스'는 사회구조, 제도화된 위계질서를 벗어나 구성되는 '탈구조/반구조(anti-structure) 공동체'를 뜻한다. 커뮤니타스 속에서 각 사람은 개성을 지닌 존재로 인정되며 자신의 정치, 경제, 사회적 지위나 신분, 역할들에서 벗어나 모두 평등한 인간으로서 공동체를 형성한다. 문턱의 상태인 리멘에서 새롭게 형성되는 커뮤니타스 속에서 이전의 지위나 차이들이 무화되거나 전복되어버린다. 하지만 구조와 반구조(커뮤니타스)는 흔히 생각할 수 있는 속(俗)과 성(聖)처럼 이분법적이거나 대립적인 관계는 아니다. 터너는 커뮤니타스의 성격을 설명하며 마틴 부버가 강조한 "인간의 사이성"(das

Zwischenmenschliche: 혹은 인간상호성)을 언급한다.

리미널리티 영역인 커뮤니타스에서 터너가 주목한 것은 커뮤니타스를 형성하는 인간들의 관계성인 것이다. 구조와 반구조인 커뮤니타스는 개인이나 집단의 발전적인 주기에서 변증법적으로 존재하고 드러난다.[21] 커뮤니타스를 통해 사람들은 구조로부터의 해방과 기존 질서의 해체를 경험하고, 커뮤니타스라는 틈새 시공간, 즉 전이의 국면을 함께 경험함으로써, 다시 그들이 돌아가게 되는 기존의 사회구조에는 새로운 힘이 충전될 수 있다. 이렇게 리미널리티와 커뮤니타스라는 개념을 통해 우리는 카니발의 과거 종교적 의미 외에도 현대의 유희로 펼쳐지는 퍼포먼스로서의 카니발의 의미에 대해 생각해볼 수 있다.

4. 리미노이드 현상으로서의 카니발

터너는 리미널 현상과 리미노이드 현상을 구분하며 다음과 같이 말한다. "선택성(option)은 리미노이드 현상 속에 널리 스며들어 있고, 의무성(obligation)은 리미널 현상 속에 널리 스며들어 있다. 전자는 놀이이자 선택이고 후자는… 두렵기까지 한 어떤 깊은 진지성의 문제이다." 부족의 제의에서 사람들은 의무적으로 참여하며 그 효력에 대해 경외심과 두려움으로 임한다. 무질서와 유희가 존재하더라도, 여기에는 신실한 종교적 믿음과 의무감이 작동한다. 그러나 현대적인 카니발은 전적으로 놀이의 장르가 되었다. 의무와 상관없이 사람들은 참여할 수도 있고 무관심할 수도 있으며 참여하는 사람들도 자신의 행동과 역할을 결정하는 선택권을 가지고 있다. 현대의 카니발은 유희적 의미로서만 그 의미가 있는 리미노이드 현상인 것이다.[22] 그리고 일시적이나마 카니발을 위해 형성되는 공동체를 우리는 커뮤니타스로 명명할 수 있을 것이다.

일단 터너가 커뮤니타스에 대해 상술한 자신의 저서,『의례의 과정』에서 언급한 핼러윈(Halloween)의 내용을 살펴보며 카니발의 과정에 대해 생각해보자. 그는 만성절 전야 축제인 핼러윈에서 나이의 역전, 성별의 역전 의례의 흔적을 발견한다. 사회에서 약자인 어린이들이 무시무시한 괴물이나 악당의 가면을 쓰고 집집마다 돌아다니며 "treat or trick!"(먹을 것 줘. 안 그러면 장난칠 테야) 하고 외치는 순간, 그들은 사회의 구조가 역전된 전이 상태를 경험하는 것이며 사회의 강자인 어른들에게 권위를 행사하게 된다. 주로 북미에서 활발하게 이루어지는 가면축제가 핼러윈이라면, 유럽에서는 카니발이 성대하게 열린다. 축제로서의 카니발에는 다양한 축제의 양상이 총체적으로 집약되어 있다. 노래와 춤은 물론이고 희극적 퍼포먼스와 가면 및 가장행렬, 풍부한 음식 말이다[23].

터너는 그로테스크하거나 몬스터와 같은 마스크와 모형들을 사용하는 것은, 입문의식이라는 리미널한 단계에서 사회문화적인 일반적 상식을 소설, 심지어 희한한 방식으로 유희적으로 재결합시킨 문화 구성요소로 분리시킨다고 주장한다. 이러한 방식으로 의례참가자들은 번갈아 가며 그들의 사회와 우주 그리고 그들을 창출하고 유지시키는 권력을 성찰하도록 이끌리고 격려받는다.[24] 이렇게 현대의 카니발에서 우리가 발견할 수 있는 역전적 유희의 의미에는 사회 체제와 그 순응에 대한 전복의 의미가 매우 강하게 담겨 있다. 그리고 이러한 의례에 대한 터너의 관점에서 우리는 사회를 기계론적이며 기능주의적으로 이해하는 사회인류학에 대한 비판적 견해를 발견할 수 있다.

그렇다면 카니발은 생활과 문화 세계에서 어떠한 방식으로 구현되는가. 우선 독일에서 유명한 카니발 명소로는 노드라인-베스트팔렌(Nordrhein-Westfalen)의 쾰른(Köln)과 마인츠(Mainz)의 카니발이 있다. 이 지역의 카니발은 독일 국내외의 관광객을 끌어들이는 매우 성대하고 유쾌한 대표적 축제 중의 하나이다. 카니발 준비를 위한 모임은 그 전해 11월 11일 11시 11분 11초에 시작된다. 축제의 완벽한 준비를 위해 직장인들은 무려 2주간 휴가를 내기도 한다. 축제일에는 은행 직원들이 익살스러운 코스튬을 걸치고 맥주로 고객들을 환대하기도 한다. 이 카니발의 의례 속에서는 일상의 관습을 넘어서는 다양한 양식이 허용된다. 예를 들어 카니발의 관습으로는 양 볼에 하는 가벼운 키스(Bützen, Bützje)가 있는데, 이는 성적인 의미와는 전혀 상관없는 연대적 의례와 같다.[25]

온 마을과 도시 전체가 카니발을 성대하게 진행함으로 구현되는 여러 의미가 있을 것이다. 그 가운데에서도 여기에서 주목하는 것은 "정치적 풍자"와 "성 역할의 전복"이다. 현존하는 정치체제의 정당성을 국가와 정치시스템은 강요하더라도 카니발이 허용하는 새로운 역전의 구조에서 그 정치적 역할놀이의 정당성은 회의되고 풍자된다. 그것은 공고하게 놓여 있는 정치적 구조의 순응을 전복하고 새롭고 창조적인 삶의 양식과 가능성을 타진하는 의례적 의미가 있다. 또 그것은 정치적 강자와 약자, 문화적 강자와 약자의 이원론적 대립을 넘어서서 남성과 여성 사이의 비동질적 역할놀이에 대한 해체와 새

로운 전복을 담아내기도 한다. 성 역할의 희극과 분장의 교체가 함의
하는 바에는 성 역할의 새로운 해방과 전복이 있다.

5. 나가며

축제는 축하하는 날이다. 거기에는 결실과 성과에 대한 기쁨과
나눔이 있다. 하늘과 땅과 함께 하는 인간의 문화가 축제의 과정에서
다시 하늘과 땅의 관계에서 새롭게 재편되고 재현되고 공유된다. 본
글에서 우리는 카니발이라는 축제에 대하여 역사적, 종교적, 의례적
관점으로 조명해 보았으며 문화적이며 인류학적으로 공유된 기억과
의례에 대해 생각해 보았다. 오늘날 그 축제의 제의적 얼굴은 종교적
인 차원에서 비종교적 차원으로, 공동체의 경험에서 자본주의적 양
식의 차원으로 전환되었다. 그렇지만 카니발이라는 축제의 역사적
인 계보와 인류학적인 의미에서의 카니발의 성격을 고려해볼 때, 여
전히 발견할 수 있는 카니발이라는 축제에 내포된 종교적, 인류학적
함의는 현대인이 즐기고 환호하는 축제의 의례적 의미에 대해 생각
해볼 수 있는 계기를 제공한다.

특히 '리미널리티' 개념을 통하여 본 글에서는 카니발의 축제를
단순한 의례적 반복의 형식이 아닌 인간 문화의 '창조적 가능성'에 대
하여 주목하였다. 카니발은 오늘 주어진 삶에 대하여 질문을 던지는
현대적 유희이자 의례이다. 탈종교화 세속화된 현대 사회 속에서 쳇
바퀴 굴러가듯 반복되는 일상 속에서 사회적 틀과 위계질서를 벗어
나 거꾸로 전복된 시공간을 집단으로 체험하는 리미노이드로서 카

니발은 현대인들에게 무척 매력적인 축제일 수밖에 없다. 특히 비극이 아닌 희극적이며 익살과 유머, 낭만이 넘치기에 더욱 그러하다. 전혀 다른 사람들이 하나가 되어 커뮤니타스를 형성하고 서로 공감하며 하나가 되어 꾸미는 축제는 일시적이라 할지라도 의미 있는 해방의 축제인 것이다. 전복된 세계를 함께 꾸려나가는 축제 속에서 사람들은 새롭고 창조적인 생각들을 함께 나눌 수도 있을 것이다. 그러나 동시에 엄청난 물량이 투입되고 상업화해가는 카니발의 경향은 비판에 직면할 수밖에 없다. 비인간화, 개인화, 자본주의화의 그늘 안에서 그것들을 전복하면서 펼쳐지는 퍼포먼스로서의 카니발. 그 축제가 오늘 인간과 사회를 어떻게 창조적으로 바꾸어내는지를 탐색하는 심화된 논의가 추후 필요할 것이다.

1 윤선자, 『축제의 문화사』 (서울: 한길사, 2008), 58.

2 Hellmut Rosenfeld, "Fastnacht und Karneval: Name, Geshichte, Wirklichkeit," *Archiv für Kulturgeschichte* (51/1969), 181.

3 *Ibid.*, 179.

4 Moser, Hans, "Fasnacht, Faßnacht, Faschang", *Schweizerisches Archiv für Volkskunde 68/69*, 1972/73, 444; 다음 책에서 재인용.: Werner Mezger, "Masken an Fastnacht, Fasching und Karneval Zur Geschichte und Funktion von Vermummung und Verkleidung während der närrischen Tage", *Alfred Schäfer/ Michael Wimmer*(Hrsg.), Masken und Maskierungen (Wiesbaden: Springer, 2000); 'Vast-schanc'라는 단어는 13세기에서 처음으로 그 용례를 찾아볼 수 있다.

5 Michael Weier, "Fasten mit Starkbier: 'Die Menschen müssen bei Kräften bleiben,'" *Stuttgarter Nachrichten* (2014. 03. 07.)
https://www.stuttgarter-nachrichten.de/inhalt.fasten-mit-starkbier-die-menschen-m uessen-bei-kraeften-bleiben.a6fc34f3-601c-457e-883b-e3a30eb57fad.html.

6 Peter Gerlitz, "Fasten/Fasttage: Religionsgeschichtlich," Gerhard Krause, Gerhard Müller, *Theologische Realenzyklopädie Bd.* XI, Berlin, New York: Walter de Gruyter, 1983, 43.

7 Stuart George Hall, Joseph H. Crehan, "Fasten/Fasttage III: Biblisch und kirchenhistorisch," *Theologische Realenzyklopädie Bd.* XI (Berlin, New York: Walter de Gruyter, 1983), 52-55.

8 반 제넵은 현재는 독일이며 당시에는 뷔르템베르크(Wüttemberg) 왕국의 루트비히스부르크(Ludwigsburg)에서 태어났으며 이혼한 어머니를 따라 프랑스에서 성장하였다. 종교사학자이자 민속학자로서 다방면으로 박식하고 재능이 많은 학자였다.

9 A. 반 겐넵 저/전경수 역, 『通過儀禮』 (서울: 을유문화사, 1985).

10 위의 책, 40-41.

11 Sylvia M. Schomburg-Scherff, "Arnold van Gennep(1873-1957)," Axel Michaels (ed.), *Klassiker der Religionswissenschaft: Von Friedrich Schleier- macher bis Mircea Eliade* (München: C. H. Beck, 2004), 225-226.

12 Bräunlein, Peter J. "Victor Witter Turner(1920-1983)," Axel Michaels (ed.), *Klassiker der Religionswissenschaft: Von Friedrich Schleiermacher bis Mircea Eliade* (München: C. H. Beck, 2004).

13 원래는 1964년, 미국 민족지학회지에 실린 글이며, 다음의 책에 수록되어 있다: Victor Turner, *The Forest of Symbols: Aspects of Ndembu Ritual* (Ithaca and

London: Cornell University Press, 1967).

14 Bräunlein, 333.

15 Arnold van Gennep, Monika B. Vizedom & Gabrielle L. Caffee, *The Rites of Passage* (London & Henley: Routledge and Kegan Paul, 1960); Peter J. Bräunlein, *Zur Aktualität von Victor W. Turner: Einleitung in sein Werk* (Wiesbaden: Springer VS, 2012), 51.

16 Victor Turner, "Liminal to Liminoid in Play, Flow and Riual: An Essay in Comparative Symbology," *Rice University Studies* 60:3 (1974), 53.

17 Hans Peter Hahn, "Mary Douglas: Symbolische Anthropologie und die Entdeckung der Konsumkultur," Stephan Moebius & Dirk Quadflieg (Hrsg.), *Kultur. Theorien der Gegenwart* (Würzburg: VS Verlag, 2011), 161-162.

18 빅터 터너 저/이기우 · 김익두 역, 『제의에서 연극으로』 (서울: 현대미학사, 2011), 35.

19 *Ibid.*, 36-38.

20 Peter J. Bräunlein, *Zur Aktualität von Victor W. Turner* (Wiesbaden: VS Verlag, 2012), 63-64.

21 빅터 터너 저/박근원 역, 『의례의 과정』 (서울: 한국심리치료연구소, 2005), 148; 터너는 『의례의 과정』에서 "··· 내가 '구조'와 '커뮤니타스' 개념을 대립시킨 것이 다소 부적절했음을 알 수 있다. 커뮤니타스의 전이적 상황에도 일종의 구조는 존재하기 때문이다. 하지만 이 구조는 래드클리프브라운이 말한 사회구조가 아니라 상징과 관념으로 된 구조, 교육을 위한 구조다"라고 약간의 수정을 가하고 있다: 빅터 터너 저/강대훈 역, 『인간사회와 상징행위: 사회적 드라마, 구조, 커뮤니타스』 (서울: 황소걸음, 2018), 308.

22 앞의 책, 71-72.

23 핼러윈이 10월 31일에 이루어진다면 만성절은 다음날인 11월 1일이다. 만성절 (lat. Sollemnitas Omnium Sanctorum)은 그 문자적 의미대로 모든 성인을 기념하는 것이다. 모든 성인 및 성화와 성상을 우상으로 간주하는 종교개혁운동으로부터 비롯된 개신교는 이를 축일로 인정하지 않기에, 만성절은 로마 가톨릭 전통 속에서 기념되는 축일이다.

24 Hans-Ulrich Sanner, "A Message about Life: Performance and Reflexivity in Hopi Indian Ritual Clowning". Axel Michaels et al. (eds.) *Ritual Dynamics and the Science of Ritual* (IV) (Wiesbaden: Harrassowitz Verlag, 2011), 114- 115.

25 쾰른 카니발을 소개하는 독일 국제 공영방송 독일의 소리(Deutsche Welle) 영상자료. https:// www.dw.com/de/die-wahrheit-%C3%BCber-deutschland-karneval/a-5246994.

독일의 맥주와 옥토버페스트*

남정애

1. 들어가는 말

그 역사와 규모 그리고 성격은 다르겠지만, 아마도 전 세계에 전통축제가 없는 나라는 없을 것이다. 그러나 단지 전통을 지키는 차원을 넘어 하나의 축제가 세계적으로 이름을 떨치며 엄청난 수익까지 창출하는 경우는 그리 흔하지 않다. 바로 이런 축제가 독일의 옥토버페스트(Oktoberfest)이다. 전통을 보존하고, 지역주민의 화합을 도모하며, 독일과 독일 맥주를 홍보하고, 고용 창출과 경제발전에 기여하는 옥토버페스트는 한국의 지방자치제 도입 이후 곳곳에서 생겨난 지역 축제들이 여러모로 참고할 만한 모델이라 하겠다.

이런 맥락에서 본고는 옥토버페스트의 면면을 살펴보고, 그 성공 요인을 고찰해보고자 한다. 이를 위해서는 옥토버페스트의 핵심인

---

* 이 글은 「인문학연구」 47호(2018. 12)에 게재된 필자의 논문을 본서의 취지에 맞도록 수정·보완한 것입니다.

독일 맥주에 관한 지식 역시 필요할 것이다. 따라서 본고는 크게 두 부분으로 구성된다. 전반부에서는 독일 맥주의 역사를 따라가 볼 것인데, 특히 중세 시대 수도원 맥주의 발전과 맥주순수령이 중점적으로 다루어진다. 후반부에서는 옥토버페스트의 유래와 변천, 행사와 시설과 볼거리 그리고 축제와 관련된 여러 데이터를 알아보고, 마지막으로 옥토버페스트가 성공적인 축제로 자리매김하게 된 요인들을 정리해보고자 한다.

2. 독일의 맥주

1) 고대

인류가 발효라는 현상을 인지하고 의식적으로 발효현상을 활용하여 술을 빚기 시작한 것은 기원전 3,500~3,000년 경 메소포타미아에서라고 한다.[1] 이 시기 메소포타미아에서는 이미 밀과 보리를 경작하고 있었고,[2] 이 곡물들로 빚은 술은 오늘날의 맥주와 유사하였다. 메소포타미아에서 발견된 부조유물에는 두 인물이 술항아리에 대롱을 꽂아놓고 술을 마시는 모습이 묘사되어 있는데, 당시에는 발효된 술에서 곡물 껍질을 걸러내지 않았기 때문에 대롱을 빨대처럼 사용하여 술을 마셨을 것이라 추정된다. 이런 형태의 술은 메소포타미아와 멀리 떨어지지 않은 이집트에서도 빚어졌다.

그런데 고대 그리스와 고대 로마는 곡물로 만든 술이 포도주보다 못한 술이라고 간주했던 것으로 보인다. 예를 들어 그리스 역사가 헤로도토스는 자신의 「이집트 기행」이라는 글에서 고대 이집트인들이 마시는 술을 거론하면서 이집트에는 포도가 나지 않기 때문에 곡물로 술을 빚는다고 서술한다.3 즉, 포도가 재배된다면 당연히 그 곡물로 빚은 것보다 더 좋은 술인 포도주를 마셨을 것이라는 의미가 행간에서 읽힌다. 또 고대 로마의 역사가 타키투스는 서기 98년에 집필한 「게르마니아」의 제23장에서 게르만족이 보리나 밀로 음료를 만드는데, 그것이 변조된 포도주와 비슷하다고 표현하고 있다.4 고대 로마가 게르마니아라고 칭했던, 오늘날 독일에 해당하는 지역 역시 포도가 생산되기에는 그리 적절한 토양과 기후가 아니었다. 그래서 보다 쉽게 구할 수 있는 곡물로 술을 빚었는데, 그 술이 타키투스에게는 질 나쁜 포도주 정도로 여겨졌다.

2) 수도원 맥주

고대 로마제국의 술인 포도주는 로마제국이 붕괴되고 유럽에서 중세가 시작된 이후에도 왕과 귀족과 성직자, 즉 상류층이 선호하는 술이었다. 게다가 기독교가 지배하던 시대였으므로 기독교 성례에도 사용되는 포도주는 다른 술보다 각별한 입지를 점하고 있었다. 포도주가 생산되지 않는 지역의 상류층은 비싼 돈을 지불하고 포도주를 수입하여 마셨다. 이런 상황에서 포도주는 상류층이 마시는 고급 술로 인식되었고, 이에 반해 곡물로 만드는 맥주는 하층민이 마시는 저급한 술로 간주되었다.5

급이 낮은 술로 인식되던 맥주가 질적으로 발전하고, 그 입지가 높아지게 된 계기는 카롤루스 대제에 의해 마련된다. 카롤링기 왕조

출신으로 768~814년 동안 프랑크 왕국을 다스렸던 카롤루스 대제는 오늘날 독일, 프랑스, 이탈리아에 해당하는 지역을 정복하여 서유럽의 정치적·종교적 통일을 이룩함으로써 훗날 '유럽의 아버지'라는 명칭을 얻었다. 이슬람의 침략으로부터 로마 가톨릭을 지켜낸 업적으로 신성로마제국의 황제로 임명되었으며, 문화와 예술의 중요성을 인식하고 지원을 아끼지 않아 문화부흥기를 이끌어내기도 하였다. 이런 업적들을 인정받아 대제라는 호칭까지 얻게 된 왕이 즐겨 마시던 술이 그런데 포도주가 아니었다. 이른바 술고래였다고 알려진 카롤루스 대제는 포도주가 아니라 맥주를 각별하게 즐겨 마셨다고 한다.6 이로 인해 맥주는 왕이 즐겨 마시는 술로 그 위상이 높아졌다.

그러나 맥주가 발전하는 데 있어 카롤루스 대제가 더욱 결정적으로 기여한 바는 따로 있는데, 그것은 바로 수도원과 관련된다. 카롤루스 대제는 기독교의 수호 및 전파를 평생의 업으로 삼았다.7 이 업을 달성하기 위하여 그가 행한 일 중 하나가 바로 성직자를 양성하고, 종교활동 및 포교 활동의 기반이 되어줄 수도원을 전국 각지에 건립한 것이다. 이렇게 건립된 수도원들에는 토지와 건물이 하사되고, 면세를 비롯한 각종 특권이 부여되었다. 이 수도원들에서 맥주가 많이 생산되고, 질적 발전을 이룰 수 있었던 크고 작은 이유로는 다음의 측면들을 거론할 수 있을 것이다.

첫째, 카롤루스 대제는 자신이 건립한 수도원들을 정기적으로 방문하였다. 카롤루스 대제를 맞기 위하여 수도원은 숙박과 음식에 신경을 썼고, 맥주를 즐기는 왕을 위하여 맥주 양조에도 당연히 심혈을 기울일 수밖에 없었다.8

둘째, 수도원의 성직자들에게 술은 금기사항이 아니었다. 게다가 맥주는 곡물로 만드는 것이었기에 성직자들은 맥주를 술이 아닌 양식이라 간주했다. 심지어 액체로 된 것 외는 금식을 해야 하는 사순절 기간에도 맥주는 영양분을 섭취할 수 있는 '액체 빵'으로 불리며 음용되었다.

셋째, 당시 수도원은 많은 순례자와 방랑자의 방문이 이어지는 곳이었고, 하루에 200명이 넘는 이가 찾는 경우도 많았다고 한다.[9] 이들에게도 숙식이 제공되었는데, 여기에는 맥주도 포함되었다. 이 방문자들이 후에 자신이 묵었던 수도원에 관한 이야기를 다른 이들에게 하게 되는데, 그럴 때면 그 수도원의 맥주에 관한 평가도 거론되었다. 여러 수도원을 방문한 사람들은 각 수도원의 맥주 맛을 비교하기도 했다.

넷째, 맥주는 수도원의 재정을 충당하는 수입원이 되어주었다. 수도원은 왕으로부터 토지와 건물을 하사받기는 하지만, 이후 재정적인 문제는 스스로 해결하는 것이 원칙이었다. 이런 상황에서 맥주 판매는 좋은 수입원이었고, 따라서 더 좋은 맥주를 만들어 파는 것은 더 많은 수입을 올리는 것과 직결되었다. 게다가 수도원은 종교시설이라는 이유로 맥주를 만드는 재료를 더 싼 가격에 구입할 수 있었고, 심지어 식량이 부족하여 사설 양조장에 양조금지령이 내려졌을 때도 예외의 특권을 누리며 맥주를 계속 생산하고 판매할 수 있었다.

다섯째, 엘리트에 의한 맥주 양조의 연구 및 발전이 가능하였다. 딱히 제대로 된 교육기관이 없던 중세에 수도원은 성직자를 양성하며 교육기관의 역할을 겸하고 있었고, 따라서 엘리트가 양성되는 기관이기도 하였다. 이런 엘리트들이 수도원의 운영에 필요한 영역들을 분담하여 일하였는데, 그중 하나가 양조였다.

수도사들은 과학적으로도 맥주를 양조할 수 있는 환경에 있었다. 수도원장은 교양이 뛰어난 사람으로 고문서 해독이 가능했다. 그들은 고문서에서 맥주 양조 기술과 비결을 찾아내고 제자들에게 강의하고 함께 실험도 하면서 맥주 양조를 체계화했다.10

즉, 수도원에서는 지식이 뛰어나고 학구적인 엘리트들이 맥주 양조를 과학화·체계화하며 그 발전을 이끌어나갔다.

이렇듯 여러모로 좋은 맥주를 만들고 발전시키기에 유리한 조건들을 갖춘 수도원에서 만든 맥주는 사람들에게서 좋은 평판을 얻었고, 시중에서 높은 가격에 팔리게 되어 수도원의 귀중한 재원이 된다.11 따라서 독일 맥주의 발전에 있어 수도원은 그 토대를 확고하게 다지는 역할을 하였다고 할 것이다.

수도원 맥주의 전통은 오늘날까지도 이어져 오고 있다. 독일의 여러 수도원이 자신들의 고유한 양조전통을 계승 및 발전시키는 일에 심혈을 기울이고, 수도원에서 비롯된 유명한 맥주 브랜드들이 기업화되어 대량으로 생산 및 판매되고 있기도 하다. 예를 들어 '바이엔슈테판'(Weihenstephan)이라는 맥주회사는 725년 설립된 베네딕트 수도원 양조장에서 비롯된 맥주회사이며, 뮌헨공대의 양조학과 연계된 연구 및 교육기관으로도 유명하다.

3) 맥주순수령

이처럼 중세 시대 독일에서는 수도원을 대표로 하여 곳곳에서 맥주가 양조되고 있었으나 양조에 관한 규정 및 품질 검사에 있어서는 아직 철저하지 못하였다. 예를 들어 1156년 프리드리히 1세는 "맥주 제조와 판매에 종사하는 자가 질 나쁜 맥주를 양조하거나 양을 속여 판매할 경우 그에 합당한 형에 처한다"[12]는 조례를 공포하였는데, '질 나쁜 맥주'에 대한 기준이 모호하였다. 이후에도 몇 차례에 걸쳐 맥주의 제조, 품질, 판매, 보관 등에 관한 규정이 제정되었고, 1516년 4월 23일 독일 남부 바이에른 공국의 빌헬름 4세가 드디어 독일 맥주의 발전에 있어 기념비적이라 할 수 있는 맥주순수령(Reinheitsgebot)을 공포하였다.

맥주순수령이 공포된 배경으로는 두 가지를 들 수 있다. 첫째, 재료의 안전성을 담보하기 위해서이다. 첨가물에 관한 규정이 엄격하지 않은 상태에서 사람들은 온갖 재료들로 맥주를 제조하였으며, 간혹 독초나 독버섯 등 안전이 담보되지 않는 재료들이 사용되기도 하였다. 따라서 맥주순수령의 제정에는 법으로 맥주의 재료를 정해놓아 그 안전성을 보장하겠다는 의도가 담겨 있다. 둘째, 식량자원으로서의 밀을 확보하기 위해서이다. 맥주를 만드는 주재료는 보리와 밀이었는데, 이 둘은 빵을 만드는 재료이기도 하였다. 그리고 보리로 만든 빵은 상대적으로 맛이 없었기 때문에 밀이 빵의 재료로 더 선호되었다. 그런데 밀로 빵을 만들어 파는 것보다는 맥주를 만들어 파는 것이 더 큰 이익을 남길 수 있었다. 그래서 심지어 식량이 부족한 상황에서도 밀로 빵이 아닌 맥주를 만드는 일이 일어나기도 했다. 이에 식량의 재료인 밀이 술을 만드는 데 다 쓰이지 않도록, 즉 식량을 확보한다는 차원에서 맥주의 재료를 아예 보리로 정한 것이다.[13]

1516년 공포된 맥주순수령은 '맥주는 보리와 홉(hop)과 물, 이 세 가지만으로 만들어야 한다'는 내용을 골자로 한다. 이 법령은 이후 1551년에 '맥주는 보리와 홉과 물과 효모, 이 네 가지만으로 만들어야 한다'는 내용으로 개정된다. 1516년 처음 맥주순수령이 만들어질 때는 사람들이 아직 효모에 관한 지식이 없었고, 맥주는 자연 발효에 의해 제조되었다.[14] 따라서 후에 효모의 존재를 알게 된 후 효모를 추가한 것이 1551년 개정판 맥주순수령이다.

맥주순수령이 공포되기 전에는 독일 북쪽 지역의 맥주가 남쪽 지역의 맥주보다 품질이 더 좋았다고 한다. 왜냐하면 시민의 권한이 남부 독일에서보다 더 컸던 북부 독일에서 맥주 양조권은 시민의 손에 있었고, 길드(수공업 조합)가 시정의 중요 기반으로 기능하면서 맥주와 관련된 법규를 관장하고, 맥주의 품질을 유지 및 향상시키는 일도 관리하였기 때문이다.[15] 이에 반해 남부 독일은 영주가 지배자로서 절대적 영향력을 행사하고 있었고, 영주가 맥주에 관하여 제대로 된 규제를 도입하고 실행하는 데 큰 의지가 없는 상태에서는 남부 독일의 맥주가 북부 독일의 맥주에 비해 품질이 떨어질 수밖에 없었다. 하지만 이 상황은 맥주순수령으로 인해 역전된다. 네 가지 재료만으로 맥주를 생산해야 한다는 법령은 북부 독일이었다면 길드의 반대에 부딪혀 관철될 수 없었을 것이다. 그러나 영주의 권력이 강대한 남부 독일 바이에른에서는 양조업자들의 반발에도 불구하고 이 법령이 관철되었고, 양조업자들은 이 법령을 준수할 수밖에 없었다. 공포된 법령을 지켜야만 하는 상황이 되자 바이에른의 맥주 양조 마이스터들은 네 가지로 제한된 재료를 가지고서 맥주 맛을 최대한 끌어내려 온갖 실험과 연구를 하였고, 이와 같은 노력을 통하여 맥주 양조에 대한 지식과 경험이 쌓이면서 맥주 양조가 발전하는 데 큰 영향을 끼친다. 그리하여 바이에른에서 맥주순수령의 공포 이후에 생산된 맥주는 순수하면서도 깊은 맛을 담게 되었다는 평을 받았다. 이런 과정을 거치면서 남부 독일 바이에른의 맥주는 북부 독일 맥주의 명성을 능가하며 그 맛과 품질을 인정받게 되었다.

1871년 독일제국의 탄생은 바이에른 지역에 한정되어 있던 맥주순수령이 독일 전역으로 확대되는 계기를 제공한다. 독일제국은 프로이센을 중심으로 하여 22개의 영방(領邦)과 3개의 자유시가 하나의 연방국가를 이룬 것이다. 이때 바이에른 공국은 병합의 조건 중 하나로 맥주순수령을 독일제국 전역으로 확대 시행할 것을 요구하였다. 당시에는 바이에른 이외 지역의 양조업자들이 이 요구에 대해 거세게 반발하여 본격적으로 관철되지 못하였으나 시간이 흘러 결국 1906년에 이르면 독일 전역에서 이 법령이 시행된다. 맥주순수령이 전국적으로 확대되자 이미 이전부터 맥주순수령을 지키며 좋은 품질의 맥주를 생산해오던 바이에른 양조업자들의 경쟁력이 커졌고, 이에 상응하여 바이에른이 독일 맥주의 중심지로 부상하게 되었다. 제1, 2차 세계대전 등 격동의 시기를 거치면서도 맥주순수령은 그대로 유지되며 독일 맥주의 자부심으로 기능하였다.

그러나 유럽연합의 탄생과 함께 맥주순수령은 존폐와 직결된 문제에 직면하게 된다. 유럽연합은 회원국들 사이의 시장통합을 지향한다. 그런데 프랑스의 어느 맥주회사가 독일에 맥주를 수출하려고 했을 때 이 시장통합에 위배되는 문제가 드러났다. 독일의 법에 따르면 맥주순수령을 준수하여 생산된 음료에만 맥주라는 명칭을 붙일 수 있었는데, 프랑스 회사에서 만든 맥주는 맥주순수령을 지키지 않은 것이었고, 따라서 맥주라는 명칭으로 독일에서 판매될 수가 없었다. 이에 프랑스 회사는 유럽사법재판소에 소송을 제기하였고, 유럽사법재판소는 프랑스 회사의 손을 들어주었다. 1987년 유럽사법재판소는 맥주순수령에 따르지 않고 생산된 외국 맥주에 맥주라는 명칭을 금하는 것은 상품교역의 자유에 위배된다고 판결하였다. 이에 따라 독일은 맥주순수령을 공식적으로는 더는 고수할 수 없게 되었고, 현재 좀 더 유연한 내용을 담은 법령이 적용되고 있다.

그러나 법적 강제성이 약화된 상황에서도 독일에서는 맥주순수령을 지켜 맥주를 생산하는 것에 여전히 많은 자부심을 느낀다. 2016년 맥주순수령 500주년 기념식에는 메르켈 수상이 직접 참석하여 "맥주순수령은 맥주의 성공적 역사의 일부분"이라 연설하였다. 오늘날에도 독일에서는 맥주순수령에 따라 제조되었다는 점이 그 맥주의 정통성과 품질을 보장해주는 것으로 인식되고 있다.

3. 옥토버페스트

1) 유래 및 역사

(1) 축제의 유래
1810년 바이에른의 왕세자 루드비히가 작센-힐트부르크하우젠의 공주 테레제와 결혼식을 올리게 된다. 당시 왕실의 결혼식은 시민들도 초대되어 함께 축하하고 즐기는 축제의 형식으로 열렸다. 그런데 이 결혼식을 준비하며 새로운 아이디어 하나가 나오는데, 그것은 바로 축하 행사로 경마대회를 개최하자는 것이었다. 영토를 확장하고 행정당국을 개편하는 등 혼란의 시기를 겪고 있던 바이에른의 왕

막시밀리안 요셉 1세는 경마대회를 통해 왕실에 대한 충성심을 함양하고, 시민들의 화합과 사기 진작을 꾀할 수 있을 것이라 여겨 이 아이디어를 마음에 들어 하며 실행에 옮길 것을 허락하였다.[16]

결혼축하연은 1810년 10월 12일부터 17일까지 열렸는데, 마지막 날인 10월 17일에 경마대회를 개최하기로 하였다. 경마대회는 넓은 공간이 필요했기 때문에 뮌헨 도성 안에서 개최하는 것은 불가능하였다. 따라서 도성 밖 넓은 목초지를 경마대회의 장소로 결정하였다. 이곳은 이후 오늘날까지 신부의 이름 '테레제'(Therese)와 '목초지'(Wiese, 비제)를 합쳐 '테레지엔 비제'(Theresien Wiese)라고 불리고 있다. 경마대회에 대한 시민들의 반응은 매우 좋았다. 시민들이 다음 해에도 계속해서 경마대회가 열릴 것을 희망했기 때문에 이후 해마다 10월이면 같은 장소에서 경마대회가 열렸고, 이것이 옥토버페스트의 유래가 된다.

옥토버페스트는 독일어로 'Oktoberfest'이다. 'Oktober'는 10월이라는 의미이고, 'Fest'는 축제라는 의미이다. 따라서 Oktoberfest는 경마대회가 10월에 개최되며 자연스럽게 붙여진 명칭이라 하겠다.

(2) 경마대회에서 맥주 축제로

유래에서 볼 수 있듯이, 원래 옥토버페스트는 맥주를 마시는 축제가 아니라 경마대회를 관람하는 축제였다. 맥주는 테레지엔 비제 근처에 있는 젠틀링 거리의 주점에서 마실 수 있었다.[17] 즉, 테레지엔 비제에서는 경마대회가 열렸고, 경마대회를 관람하러 오는 길에 혹은 관람한 후에 젠틀링 거리의 주점에서 맥주를 마시는 형태였다. 그런데 맥주를 마시려는 인파가 점점 더 몰리면서 젠틀링 거리의 주점만으로는 감당할 수 없게 되자 뮌헨 시는 1850년부터 테레지엔 비제에도 맥주 주점의 설치를 허락하였고,[18] 축제 기간 동안에는 간이 형태의 주점들이 테레지엔 비제에 세워졌다. 이곳에서 맥주를 마시는 사람들의 수 또한 점점 더 늘어나자 이에 상응하여 맥주 주점의 규모도 점점 더 커지게 되었다. 그러면서 축제는 차츰 경마대회에서 맥주 축제로 그 중심이 옮겨갔다.[19] 맥주를 파는 가게도 간이주점 형태에서 기업형 대형 맥주 천막으로 그 규모가 커졌고, 오늘날의 맥주 축제로 자리 잡게 된다.

경마대회에서 맥주 축제로의 변천은 축제가 시작되는 날짜에도 영향을 끼쳤다. 독일에서는 10월이면 이미 날씨가 스산해진다. 경마대회라면 이런 날씨에도 개최되는 데 별문제가 없었다. 그러나 맥주를 마시기에는 기온이 더 높고 쾌청한 날씨가 좋았기 때문에 축제를 좀 더 일찍 시작하자는 요구가 나왔다. 그리하여 1872년부터는 축제의 시작을 9월로 앞당기게 되었다. 이로 인해 10월 축제인 옥토버페스트가 9월에 시작하여 10월에 끝나는 축제가 된 것이다.

축제의 기간에도 변화는 있었다. 경마대회를 중심으로 하는 축제일 때는 6일 동안 개최되었다. 그러나 맥주 축제로 넘어가자 사람들은 축제가 더 오래 개최되기를 희망하였다. 그리하여 축제 기간은 점점 늘어나 19세기 말에는 약 2주에 걸쳐 개최되기에 이르렀다. 오늘날 옥토버페스트는 9월 15일이 지난 후의 토요일(보통 9월의 세 번째 토요일)에 축제를 시작하고, 10월의 첫 일요일에 축제를 끝낸다. 독일이 통일되어 10월 3일이 '독일 통일의 날' 공휴일로 지정되자 2000년 이후 규정이 추가되어, 10월 1일이나 2일이 일요일일 경우에는 축제를 공휴일인 10월 3일까지 연장할 수 있게 되었다. 따라서 옥토버페스트는 최소 16일에서 최장 18일간에 걸쳐 개최된다.

2) 행사, 시설, 볼거리 등

(1) 축제의 시작

옥토버페스트는 맥주 마차 퍼레이드로 시작된다. 이 행진의 맨 앞에는 뮌헨을 상징하는 '뮌헨의 킨들'(Münchner Kindle)이 말을 타고 앞장서고, 그 뒤에는 뮌헨 시장의 마차가 따르며, 이어서 화려하게 치장하고 맥주통을 가득 실은 맥주회사의 마차들이 이어지며, 축제장 내 여러 가게의 상인들이 뒤를 따른다.[20] 이 행렬이 축제가 시작되는 토요일 오전 10시 45분에 뮌헨 시내의 존넨 거리를 출발하여 테레지엔 비제로 향하고, 축제장에 도착하는 데 약 1시간이 걸린다. 12시가 되면 테레지엔 비제에서 개막식이 열린다. 정각 12시에 뮌헨 시장이 나무로 된 생맥주통의 마개 꼭지를 망치로 열어 따고, "O' zapft is!"(마개가 열렸다)라고 외치는 것이 축제의 시작을 알리는 전통이다.

(2) 맥주 천막

옥토버페스트가 열리는 테레지엔 비제는 원래 경마대회가 열리기에 충분할 정도의 광활한 공간이다. 이 공간에 14개의 대형 맥주 천막, 2개의 중대형 맥주 천막, 22개의 중소형 맥주 천막이 설치된다. 대형 맥주 천막은 일반적으로 한꺼번에 약 10,000명 전후의 인원을 수용할 수 있고, 중대형 맥주 천막은 한꺼번에 2,000명 내외의 인원을 수용할 수 있으며, 중소형 맥주 천막은 100~500여 명을 한꺼번에 수용할 수 있다. 가장 규모가 컸던 맥주 천막으로는 1913년 13,000명을 수용한 프쇼르 브로이의 맥주 천막이며, 현재는 11,000명을 수용하는 파울라너 브로이의 맥주 천막이 가장 규모가 크다.[21] 보통 술집이나 식당이 30여 명 내외를 수용하는 규모임을 감안할 때, 한꺼번에 10,000여 명을 수용한다는 것은 압도적인 규모라 할 것이다.

맥주 천막이라고 하니까 우리가 흔히 아는 비닐 천막을 떠올리기 쉬운데, 실제로는 그렇지 않다. 맥주 천막은 독일어 'Bierzelt'를 번역한 것이며, 맥주 천막 대신 '축제 천막'(Festzelt)이라는 표현을 쓰기도 한다. 여기서 '천막'이라는 단어는 축제 기간에만 임시로 설치했다가 철거할 수 있는 시설이기 때문에 사용된 것이며, 실제로 세워지는 것은 비닐 천막이 아니라 목재를 중심으로 한 조립식 건물이다.

옥토버페스트에 맥주 천막을 운영할 수 있는 맥주회사의 선정은 공개적으로 이루어진다. 맥주회사가 여러 자료를 첨부하여 신청서를 제출하면 평가기준표에 따라 심사가 이루어지고, 최종결정은 뮌헨시의회의 무역산업위원회가 한다.[22] 규정상 옥토버페스트에서는 뮌헨 전통양조장의 맥주만 판매될 수 있기에 현재 뮌헨의 6대 대형 맥주 양조회사인 슈파텐브로이, 아우구스티너, 파울라너, 하커-프쇼르, 호프브로이, 뢰벤브로이가 대형 맥주 천막을 설치하고 있다.

맥주 천막의 영업시간은 아침 10시(토요일, 일요일, 공휴일은 아침 9시)부터 밤 11시 30분까지이고, 주문은 밤 10시 30분까지만 받는다. 대규모 시설이지만 사람들이 워낙 많이 몰리기 때문에 만석이라 입장을 위해 긴 시간 줄을 서는 경우도 흔하다. 옥토버페스트 홈페이지에서 미리 예약할 수도 있는데, 10명 이상인 경우 예약 가능하다.

맥주는 1리터짜리 용량으로만 판매되는데, 한 잔에 한화로 약

13,000원(2017년도 가격)이다. 맥주는 'Maβ krug'이라 불리는 크고 두꺼운 유리잔에 담아 판매된다. 이 잔의 무게가 약 1.3kg이기 때문에, 맥주를 가득 채운 상태의 무게는 2.3kg나 나간다.

(3) 기타 시설들

롤러코스터, 자이로드롭, 회전목마, 유령의 집, 대관람차 등등 여러 놀이기구가 설치된다. 그래서 맥주를 마시기 위해 방문하는 성인뿐만 아니라 어린아이를 동반한 가족 관람객도 축제를 즐길 수 있다.

축제장 곳곳에는 기념품, 간식, 디저트, 솜사탕, 바이에른 전통 과자 등을 파는 가판대가 있다. 넓은 축제장을 이동하는 중간에 먹고 마시고 즐길 거리가 있는 것이다.

또 축제장의 안전이나 편의를 위한 행정서비스단지도 마련되어 있다. "지방행정 사무실, 이동파출소, 소방서, 간이 우체국, 은행 분점, 분실물 보관소, 적십자사, 여성을 위한 안전보호소, 휠체어 서비스실, 유모차 대여실, 어린이 보호소 및 수유 장소, 국제기자단을 위한 프레스센터, 수도 및 전기공급 사무실"23 등이 이곳에 자리한다.

(4) 바이에른 전통의상

옥토버페스트는 독일의 축제이지만 좀 더 엄밀하게는 바이에른의 축제라고 할 수 있다. 앞에서 거론했듯이 옥토버페스트의 유래가 바이에른 왕가의 결혼식이었고, 옥토버페스트에서 판매 가능한 맥주는 뮌헨의 전통양조장에서 생산된 것이며, 개막식 때 "O' zapft is!"라는 말도 바이에른 사투리이다. 이렇듯 옥토버페스트에는 바이에른의 색채가 강하게 각인되어 있는데, 여기에 기여하는 또 하나의 볼

거리가 바로 바이에른 전통의상이다.

옥토버페스트 기간 동안에는 테레지엔 비제에서뿐만 아니라 도시 곳곳에서 남녀노소를 막론하고 이 전통의상을 입은 사람들을 쉽게 볼 수 있다. 지역민은 바이에른의 자부심으로 전통의상을 입으며, 축제를 보러온 외부인의 경우 축제를 좀 더 제대로 즐기고 싶은 마음에 바이에른 전통의상을 구입하여 입는다. 전통의상을 입는 것이 축제를 즐기는 하나의 방식이 되고, 전통의상을 입은 모습이 또 하나의 볼거리가 되는 셈이다. 나아가 전통의상의 제조와 판매가 활발하게 이루어짐으로써 축제와 관련하여 간접적인 경제 활성에도 기여한다.

(5) 친환경 지향 축제

1970년 중반 환경운동과 반원전운동을 중심으로 발전한 독일의 친환경운동은 현재 녹색당이 제도권 정당으로 자리 잡을 정도로 그 기반이 탄탄하다. 이런 기반이 옥토버페스트라는 거대한 규모의 축제에서도 친환경 정책이 관철되도록 만든 힘이라 할 것이다.

옥토버페스트에 본격적인 친환경 규제가 실시된 것은 1991년부터이며, 그 내용은 다음과 같다.

1회용 그릇과 컵 및 포크와 나이프의 사용을 금지하고, 캔 음료의 판매는 전면 금지한다. 음료는 반드시 보증금이 붙은 회수용 병에 넣어 팔아야 한다. 또 쓰레기는 용도별로 분리하고 재활용 쓰레기를 위한 분리수거 용기를 구비해야 한다. 음식물 찌꺼기는 분리수거하여 동물사료용 등 특별한 목적의 재활용 시설로 분리하여 보내야 한다. 재활용이 불가능한 쓰레기는 압축기로 처리한다.[24]

축제로 이익만을 추구하는 것이 아니라 환경에 피해가 가지 않도록 애쓰는 모습을 볼 수 있다. 만 명이 넘는 인원을 한꺼번에 수용하는 대형 맥주 천막만 14개가 되는 대규모 축제에서 일회용품이 무분별하게 쓰인다면 엄청난 양의 쓰레기가 발생할 것이므로 이러한 친환경적 규제는 매우 바람직한 일로 여겨진다.

3) 축제와 관련된 데이터들

(1) 방문객 수와 판매량

약 16일에 걸친 축제 기간 동안 평균 방문객 수는 600만 명 정도이다. 방문객 수 최고기록을 세운 해는 1985년으로, 당시 710만여 명이 테레지엔 비제를 찾았다. 맥주를 마시는 축제이기 때문에 아무래도 날씨가 방문객 수에 가장 큰 영향을 끼치는 요인이다. 축제 기간 동안 날씨가 화창하고 기온이 높을수록 방문객 수는 올라간다. 그리고 해마다 약 600만 리터의 맥주와 50만 마리의 통닭이 소비된다. 방문객 1인당 평균 한화로 약 7~8만 원을 쓴다고 한다.

(2) 고용 및 경제적 효과

약 12,000명 정도가 옥토버페스트의 축제장에서 일을 한다. 그 중 1,600명 정도가 맥주 천막이나 음식점에서 서빙을 하는 사람들이다. 7, 8월 정도에 시작되는 축제장 건설작업과 축제가 끝난 후 진행되는 축제장 해체작업에 종사하는 노동자들, 축제에 필요한 맥주와 음식 재료 등의 생산에 종사하는 사람들, 축제 기간 동안 뮌헨을 방문하는 사람들의 숙식과 관련된 업무에 종사하는 사람들 등 옥토비

페스트와 관련하여 한시적·간접적 고용 창출 효과도 매우 크다.

옥토버페스트에서 각각의 업체 및 상인이 구체적으로 얼마나 많은 수익을 올리는지에 대한 자료는 공개되지 않는다. 그런데 2014년에 세금과 관련된 소송으로 어느 작은 맥주 천막의 2012년 수익이 공개된 바가 있다. 이 소형 맥주 천막이 2012년 옥토버페스트에서 올린 수익은 한화로 약 43억이었고, 순수익은 19억이 넘어가는 액수였다.[25] 소형 맥주 천막의 수익이 이 정도라면 대형 맥주 천막의 수익은 엄청난 규모임을 짐작할 수 있을 것이다.

옥토버페스트와 직간접적으로 관련된 총수익은 다음의 도표[26]와 같다. 한화로 1조 원을 훌쩍 넘기는 액수인데, 축제의 기간이 단 16일 정도라는 점을 감안한다면 옥토버페스트로 인한 경제적 효과가 대단함을 알 수 있다.

항목	액수
축제장에서의 음료, 식사, 오락비	4억 4,900만 유로
뮌헨과 주변 지역에서의 교통, 쇼핑, 식사비	2억 500만 유로
숙박비	3억 유로
계	9억 5,400만 유로 (한화 약 1조 2,500억 원)

4) 옥토버페스트의 성공 요인

(1) 맥주

옥토버페스트는 맥주가 중심이 되는 축제이다. 이미 맥주 자체가 세 가지 측면에서 축제의 성공에 기여한다고 볼 수 있다.

첫째, 독일 맥주의 오랜 역사가 지닌 경쟁력을 들 수 있다. 앞에서 살펴보았듯이, 독일은 좋은 맥주를 생산하는 데 오랫동안 수많은 노력을 기울여 왔다. 맥주순수령의 공포가 500년이 넘었고, 그 기간 동안 독일 고유의 그리고 최고 품질의 맥주를 생산 및 유통하기 위한 노력과 노하우와 인프라가 탄탄하게 구축되었다. 이 덕분에 독일을 대표하는 맥주를, 세계 최대라는 규모에도 불구하고, 축제가 차질 없이 진행되도록 제공할 수 있는 기반이 잘 자리 잡혀 있다고 할 것이다.

둘째, 맥주에 대한 독일인의 자부심을 들 수 있다. 프랑스인이 프랑스 포도주가 세계 최고라고 생각하듯이 독일인은 독일 맥주가 세계 최고라고 생각한다. 이러한 자부심 속에 독일인은 그저 돈을 벌기 위한 것이 아니라 독일 맥주의 세계적 위상을 드높인다는 사명감으로 열과 성을 다해 축제에 임하게 된다.

셋째, 독일을 대표하는 맥주이기에 외부인이 갖게 되는 관심이다. 독일이라고 하면 당연히 맥주를 꼽을 정도로 맥주는 독일을 대표한다. 이런 맥주가 중심이 되는 축제에 외국인은 직접 독일에 가서 독일 맥주를 맛보고, 독일의 정서를 경험하고 싶다는 욕구를 느낀다.

한 마디로, 독일이 세계 그 어느 나라보다 잘 만들어낼 수 있고, 또한 세계 그 어느 나라보다 잘 만들어내려는 마음가짐이 되어 있으며, 독일을 대표하는 것으로 세계적으로 유명한 아이템이 바로 맥주이고, 이 맥주를 중심으로 하는 것이 옥토버페스트이니 축제의 성공 가능성이 그만큼 클 수밖에 없다.

(2) 규모

만약 1810년 왕가 결혼식의 기념행사로 처음부터 맥주 축제를 구상했더라면 굳이 도성 밖의 초원이 아닌 도성 안의 적당한 공간을 물색했을 것이다. 그러나 맨 처음 구상한 것이 경마대회였고, 경마대회를 개최하기에 충분한 공간이 필요했으며, 따라서 테레지엔 비제와 같이 매우 넓은 공간이 행사의 장소로 결정되었다. 물론 당시 사람들이 미래의 일을 미리 알고 장소를 결정한 것은 아니었지만, 이것이 어찌 보면 이른바 신의 한 수였다고 할 수 있다. 왜냐면 옥토버페스트의 가장 큰 매력 중 하나가 바로 그 규모이기 때문이다.

경마대회를 위하여 선정된 공간이 그대로 맥주 축제를 위한 공간이 되면서 옥토버페스트는 세계 어디에서도 볼 수 없는 최대 규모를 자랑한다. 축제가 열리는 테레지엔 비제는 약 126만 평으로, 이는 국제규격 축구장 약 580개를 합친 크기이다. 거기에 만 명 이상을 동시에 수용하는 맥주 천막들이 들어선다. 이 규모 자체가 옥토버페스트의 상징이고, 축제를 보러 온 사람들을 압도한다. 이 압도감은 사진이나 동영상으로는 전달될 수가 없기에 사람들로 하여금 직접 옥토버페스트를 방문하고 싶다는 욕구를 자극한다.

(3) 효율적 운영

옥토버페스트에 대한 총관리는 뮌헨시 산하 기관인 뮌헨 관광청의 특별이벤트 팀이 맡고 있는데, 6명의 전문인으로 구성된 이 팀은 옥토버페스트만을 전담한다.[27] 600만여 명이 방문하는 대규모 축제를 겨우 6명의 인원으로 관리할 수 있는 비결은 뮌헨시의 개입은 최소한의 필수적인 영역으로 제한하고, 그 대신 축제에 참여하는 업체에게 최대한의 자율권을 보장해주는 효율적 운영에 있다.

특별이벤트 팀은 축제장에 입주할 업체와 부스 설치 장소를 선정하는 일을 총괄한다. 공개적이고도 투명한 절차를 거쳐 입주업체 및 입주 장소가 결정되고 나면 축제장에서 이루어지는 나머지 일들은 입주업체의 자율에 맡겨진다.[28] 다시 말해 뮌헨시의 차원에서는 경쟁력 있는 입주업체를 적절한 장소에 입주시키는 일이 문제의 소지가 없도록 관리되고, 축제장에서 일어날 판매와 관련된 모든 일은 그것과 직접 관련이 있는 업체에 일임하는 것이다. 이른바 '장사'와 관련된 일은 '장사'를 가장 잘 아는 쪽, 즉 업체에 전적인 권한을 줌으로써 가장 효율적이고도 수익 창출이 용이한 방식을 보장한다고 할 수 있다.

또 뮌헨시는 축제를 관할하는 데 드는 경비를 충당하고 약간의 이익만 남길 정도의 임대료를 책정한다. 총수익이 1조 원이 넘어가는 축제임에도 불구하고 뮌헨시가 취할 수 있는 이익은 최소한으로 제한하면서 입주업체에 가능한 한 낮은 임대료를 책정하고 있다.[29] 그 이유는 만약 뮌헨시가 임대료에서 많은 이익을 취하고자 한다면 입주업체들은 그 임대료를 맥주 등의 판매가격에 반영할 것이고, 그러면 방문객은 더 많은 돈을 소비해야 해서 축제에 대한 만족도가 떨어질 수 있기 때문이다. 뮌헨시는 축제에서 뮌헨시가 직접 취할 수 있는 이익보다는 축제 자체가 최상으로 돌아가는 것을 더 중요하게 여긴다. 축제 자체가 최상으로 돌아가게 되면 뮌헨시에도 임대료 이상의 직간접적 경제적 이익이 발생하기 때문에 결국은 더욱 긴 안목으로 축제를 운영하고 있다고 할 것이다.

그 외에도 뮌헨시는 축제를 위한 준비 기간을 충분히 잡는다. 사람들은 그저 약 16일간에 걸친 축제라고만 생각하겠지만, 실제로 10월 초에 축제가 끝나고 11월이 되면 뮌헨시는 벌써 다음 해의 축제장 입주업체 공모를 시작하고, 이때부터 사진준비와 세계 전역에서의 홍보를 준비하고 진행하기 시작한다. 약 16일간의 축제가 일 년 내내 준비되고 있다.

(4) 독일인과 음주가무

독일인은 대체로 차분하고, 이성적이다. 결례를 조심스러워하여 타인에게 예의는 지키되 일정 정도 거리를 두기 때문에 쉽게 친해지지 않는다는 이미지도 독일인에 해당된다. 이런 독일인이 처음 보는 사람과도 거리낌 없이 잔을 부딪치고, 어깨동무하고, 큰소리로 노래를 따라 부르는 모습을 볼 수 있는 것이 바로 옥토버페스트 축제장에서이다. 이렇게 옥토버페스트는 독일인에게는 평소와 달리 음주가무를 마음껏 즐기며 일상의 스트레스에서 벗어날 수 있는 장이 되고, 외국인에게는 독일인의 또 다른 모습을 보게 되는 재미 또한 선사한다. 이것이 테레지엔 비제를 방문하는 독일인에게도 그리고 외국인에게도 옥토버페스트의 빠질 수밖에 없는 매력이 된다.

4. 나가는 말

이상으로 독일 맥주의 역사와 옥토버페스트의 면면을 살펴보고, 그 성공 요인을 고찰해보았다. 이를 통해 알 수 있는 것은 맥주에 대한 독일인의 애정과 자부심, 전통축제를 계승 및 발전시키고자 하는 노력 그리고 축제를 대하는 보다 긴 안목이 옥토버페스트의 성공을 이끌고 있다는 사실이다.

이는 특히 한국의 지역 축제들에 있어 시사하는 바가 많다. 1990

년대 한국에서 지방자치제가 실시되면서 지방자치단체들은 문화정책이나 재정정책에 있어 이전보다 더 많은 자율권을 지니게 되었다. 그리하여 그 지역을 홍보하면서 동시에 경제적 가치를 창출할 수 있는 지역 축제의 활성화에 힘을 쏟게 된다. 실제로 지역 축제의 수는 1950년대 8개에서 1970년대 83개까지 늘었고, 1990년대 지방자치제 실시 이후 2000년대에는 314개로 급증하였으며, 2008년 926개로 정점을 찍었지만 이후 여러 문제가 겹치면서 2014년 555개로 줄어들었다.[30] 그중에서 제대로 자리를 잡고 본격적인 수익을 창출하는 축제는 얼마 되지 않으며, 앞으로 지역 축제의 질적 성장과 경제적 가치의 안정적 창출을 위한 노력이 많이 필요한 상황이다. 이러한 상황에서 독일의 옥토버페스트는 한국의 지역 축제가 무엇에 집중하고, 어떤 관점으로 지역 축제를 바라보아야 하며, 지역단체와 업체가 어떻게 상호 협조해야 할지에 대한 하나의 모델을 제시하고 있다고 하겠다.

주 ―――――――――――――――――――――――――――

1 무라카미 미쓰루/이현정 옮김, 『맥주, 문화를 품다』 (RHK, 2012), 15.

2 위의 책, 같은 곳 참조.

3 헤로도토스/박성식 옮김, 『이집트 기행』 (출판시대, 1998), 83.

4 Vgl. http://gutenberg.spiegel.de/buch/die-germania-137/23.

5 미쓰루, 앞의 책 30-31.

6 위의 책, 86.

7 임종대 외, 『독일이야기 I』 (거름, 2000), 56.

8 미쓰루, 앞의 책, 86.

9 위의 책, 87.

10 위의 책, 89.

11 위의 책, 90.

12 위의 책, 122.

13 그러나 실제로는 맥주순수령 공포 이후에도 계속해서 밀로 맥주가 만들어졌다. 본래 밀맥주는 바이에른 지역에서 맥주순수령이 공포되기 전부터 즐겨 마시던 맥주였으며, 상류층 사람들은 맥주순수령이 공포된 이후에도 밀맥주를 계속 마시고자 했다. 그래서 이 사람들을 위하여 궁정 양조장과 일부 수도원에만 밀맥주를 양조할 수 있는 특혜가 주어졌다. 여기서 궁정 양조장은 맥주순수령을 공포한 빌헬름 4세의 전속 궁정 양조장으로 일부 수도원을 제외하고는 밀맥주를 독점 생산한 셈이다(위의 책, 130).

14 위의 책, 119.

15 위의 책, 127.

16 사지원, "지역축제의 세계화: 뮌헨의 옥토버 페스트", 「카프카연구」 12 (한국카프카학회, 2005), 91-110, 93.

17 위의 논문, 94.

18 위의 논문, 같은 곳.

19 경마대회는 1938년 이후 조직상의 이유로 아예 축제 프로그램에서 빠지게 되었다(박숙진 외, "문화관광개발을 위한 독일의 이벤트 경영전략에 관한 연구 - 뮌헨 October-Fest의 사례를 중심으로", 「관광정책학연구」 7/2 [한국관광정책학회, 2001], 21-47, 9). 그러나 1960년 150주년과 2010년 200주년에는 기념행사로 경마대회가 개최되었다.

20 사지원, 앞의 논문, 98-99.

21 위의 논문, 98.

22 위의 논문, 같은 곳 참조.

23 위의 논문, 같은 곳 참조.

24 위의 논문, 101.

25 https://de.wikipedia.org/wiki/Oktoberfest#Umsatz_eines_Festzeltes.

26 사지원, 앞의 논문, 103.

27 위의 논문, 96.

28 위의 논문, 같은 곳.

29 강건희 외, "지역 경제 활성화를 위한 전통주 '막걸리 축제' 발전 방안 연구", 「문화산업연구」 11/2 (한국문화산업학회, 2011), 201-217, 211.

30 김미현 외, "한국 지역축제에 관한 연구경향 분석: 2002년~2014년 사회과학분야 논문을 중심으로", 「지방행정연구」 29/2 (한국지방행정연구원, 2015), 267-296, 269.

프랑스 와인과 보졸레 누보 축제*

김기일

1. 들어가는 말

격년으로 6월에 프랑스에서 개최되는 보르도 와인 축제를 제외하고 세계에서 펼쳐지는 대부분의 와인[1] 축제는 포도 수확을 끝마치고 햇와인이 나오기 시작하는 10월 이후부터 개최된다. 세계적으로 유명한 포도재배지역이 많은 프랑스에서 개최되는 와인 축제는 만성절[2]과도 무관하지 않다. 만성절은 프랑스어로 투생(Toussaint)이라고 한다. 이것은 모든 성인을 기린다는 의미의 프랑스어이다. 오늘날에는 고향을 찾아서 친지들과 인사를 나누는 풍습으로 정착되었다. 우리의 고유 명절인 추석과도 비슷하다고 볼 수 있다. 와인 축제에 관한 기록은 그리스 술의 신(神)인 디오니소스에게 바치는 의례에서 찾아볼 수 있다. 와인 축제의 주된 행사는 축제에 함께 참여하면서

---

* 이 글은 「인문과학」 79호(2019. 11)에 게재된 필자의 논문을 본서의 취지에 맞도록 수정·보완한 것입니다.

즐기는 스아레(Soirée)3에 있으며, 대부분의 이러한 행사에는 신명나는 노래와 춤 그리고 지역 음식이 와인과 함께 곁들여진다. 와인 축제는 와인 본래의 명성과 맛의 차별화에 의해 전해지는 것에서 오늘날 와인을 통한 와인 체험 행사와 판매 마케팅의 전략으로 이어지며 고부가가치를 창출하고 있다. 이 행사에 쓰이는 와인은 오늘날 프랑스 경제에 든든한 수출품으로 자리매김하고 있다. 보졸레 누보4 축제도 이런 산업화 속에서 탄생한 축제라는 사실을 부인할 수는 없다. 보졸레 지역 사람들은 보졸레 지역의 중심도시인 리옹을 관통해 흐르는 강이 세 개가 있다고 한다. 실제로 흐르는 두 개의 강은 론(Le Rhône)과 손(La Saône) 강이 있으며, 마지막으로 상상 속의 강인 세 번째 보졸레 강이 흐른다고 한다. 이 지역 사람들은 보졸레 와인을 너무 즐겨 마시기 때문에 자신들이 마시다 흘린 와인이 강을 이룬다는 전설을 믿고 있다. 상상 속의 강을 이루는 이 지역에서 나오는 햇 와인이 보졸레 누보이고 이곳에서 행해지는 축제가 보졸레 누보 축제인 것이다. 그 역사와 규모 그리고 성격은 다르겠지만, 아마도 전 세계에 전통축제가 없는 나라는 없을 것이다. 그러나 단지 전통을 지키는 차원을 넘어서 하나의 축제가 세계적으로 이름을 떨치며 엄청난 고부가가치의 수익을 창출하는 경우는 그리 흔하지 않다. 바로 프랑스의 보졸레 누보 축제가 그러한 경우라고 볼 수 있다. 전통을 보존하고, 지역주민의 화합을 도모하며, 프랑스와 프랑스 와인을 홍보하고, 고용 창출과 경제발전에 기여하는 보졸레 누보 축제는 한국의 지방자치제 도입 이후 곳곳에서 생겨난 지역 축제들이 여러모로 참고할 만한 모델이 될 것이다. 이런 맥락에서 본고는 보졸레 누보 축제의 면면을 살펴보고, 그 성공 요인과 미래를 고찰해보고자 한다.

이를 위해서는 보졸레 누보 축제의 근간이 되는 프랑스 와인에 관한 고찰 역시 필요할 것이다. 따라서 본 고는 크게 두 부분으로 구성된다. 전반부는 프랑스 와인의 역사와 프랑스 와인의 종류를 알아보고, 후반부는 보졸레 누보 축제의 유래와 역사, 보졸레 왕 조르주 뒤뵈프(Georges Duboeuf, 1933~2020. 1. 4.), 보졸레 누보 축제의 모습과 오늘날 보졸레 누보의 현황까지 알아보도록 할 것이다.

2. 프랑스 와인

1) 프랑스 와인의 역사

인간들이 처음으로 포도를 생활 속에 활용했다는 증거는 약 4만 년 전 크로마뇽인들이 라스코 동굴 벽화에 그린 포도 그림을 통해 추정할 수 있다. 인간들은 소비하고 남은 포도를 초창기에는 건포도로 먹다가 점차 음료로 그리고 포도 껍질의 효모(Yeast)에 의해 발효된 형태로 먹기 시작하였다고 추측하며, 포도 씨가 모여 있는 유물을 통해 고고학자들은 기원전 9,000년 경 신석기 시대부터 포도를 이용한 인류 최초의 술을 먹기 시작했다고 보고 있다. 와인의 역사는 문명의 두 발상지인 이집트와 메소포타미아 지역에서 출발한 것으로 볼 수 있다. 관련 유적으로는 기원전 8,000년경 메소포타미아 유역의 조지아(Georgia) 지역에서 발견된 압착기, 기원전 7,500년경 이집트와 메소포타미아에서 발견된 와인 저장실, 기원전 4,000~ 3,500년에 사용된 와인을 담은 항아리, 기원전 3,500년경 사용된 것으로 보이는 이집트의 포도재배, 와인 제조법이 새겨진 유물 등이 있다. 그후 기원전 2000년경 바빌론의 함무라비 법전에 와인의 상거래에 대한 내용이 나오며 이것이 와인에 관련된 최초의 기술이다. 인류는 자신들이 숭배하는 신에게 와인을 바쳤으며, 의례·축제·상거래 등에서 중요한 매체로 와인을 활용하였다. 이집트인들은 오시리스(Osiris) 신에게, 그리스인들은 술의 신인 디오니소스에게 감사의 뜻으로 와인을 바쳤으며 성경에도 대홍수가 끝나고 노아가 포도나무를 심고 와인을 만들었다는 내용이 나온다. 이후 프랑스 와인은 기원전 600년경, 그리스인들이 프랑스 옛 지역인 갈리아의 마르세유(Marseille) 지역에 상륙하여 포도를 재배한 것이 시작이며 로마 시대에 이르러 더욱 부흥기를 맞는다. 로마가 식민지로 지배했던 곳은 유럽 전역, 영국 일부, 지중해 연안의 아프리카로 로마 군인에게 와인이 필요하였고, 이를 위하여 1세기경에는 론(Rhône)·랑그도크루시옹(Langue d'Oc Rousillons) 지방에, 2~3세기경에는 부르고뉴(Bourgogne)·보르도(Bor- deaux)·샹파뉴(Champagne) 지방5에, 5세기경에는 파리 부근으로 와인 재배 지역을 확대하였다. 그리하여 이것이 현재 유럽의 포도주 생산 기반이 되었다고 해도 과언이 아니다. 로마제국의 멸망 후 중세 시대에 이르러 교회에서 사용되는 와인을 주로 만들었는데 수도사들이 포도 재배와 양조법 연구를 하였다. 와인 기술은 수도원을 중심으로 보급되었다. 특히 부르고뉴 지역의 시토(Citeaux) 수도원 수사들에 의해 현대적 형태의 포도 재배와 와인 양조 기술이 성립되었으며 샴페인과 코르크 마개를 개발한 돔 페리뇽(Don Perignon)은 샹파뉴 지방의 오트빌에 있는 수도원의 와인 양조담당 수사였다. 이처럼 기독교의 전파와 함께 종교용과 의료용으로 와인을 공급하던 것이 점차 프랑스와 이탈리아, 독일 등으로 퍼져나갔다. 1152년 프랑스 공국의 아키텐 공주가 훗날 헨리 2세가 되는 앙주 지방의 백작과 결혼하면서 보르도와 서남부 일대의 영토가 영국의 속령이 되고, 영국과 프랑스 사이에 백년전쟁이 일어나게 된다. 전쟁이 끝나고 보르도를 소유하지 못하게 된 영국은 그 대체시장을 찾아 스페인과 포르투갈로 눈을 돌렸고 이 나라들의 와인이 발달하는 계기가 된다. 17세기 말, 루이 14세 때 부르고뉴 와인이 유명하게 되었고 18세기 루이 15세 때부터 보르도 와인과 샴페인이 인기를 얻게 되었다. 프랑스 혁명 이후 수도원과 영주가 소유하고 있던 포도밭이 여러 소유주에게 나누어지고 보르도 지역은 신흥 금융자본에 의해 포도 경작지가 대규모로 재통합 되었다. 1864년부터 20년간 포도나무에 필록세라(Phylloxera)[6]라는 전염병이 돌아 포도원이 황폐해지나 미국의 포도나무를 접붙여 해결된다. 1874년에는 355개의 포도 품종이 구분되어 명명되었고 19세기 말부터 새로운 지역의 "신세계 와인(칠레, 미국, 호주, 뉴질랜드, 아르헨티나, 남아프리카 공화국 등의 국가)"[7]의 눈부신 활약을 바탕으로 와인 산업이 발달하고 생산량도 증가하였다. 이후 프랑스는 와인의 품질보장을 위해 1936년 프랑스 국립원산지명칭연구소(INAO)를 출범한 뒤 구체적인 생산조건을 제시하고 적용해야 하는 법령에 의한 원산지 명칭의 통제 'AOC' 제도[8]를 도입한다. 2009년 8월 1일 이후부터는 유럽이 EU로 통합되면서 원산지 보호 명칭 'AOP' 제도[9]를 쓰고 있다. 현재 이 제도는 유럽연합(EU)에 속한 모든 나라에 적용되어, 와인을 지리적 표시가 있는 와인과 그렇지 않은 와인으로 구분하며, 지리적 표시가 있는 와인은 '원산지명칭 보호 와인'(AOC/AOP)과 지리적 표시 보호 와인(Vin de Pays/IGP)으로 구분한다.[10]

2) 프랑스 와인의 종류

와인의 색과 제조 과정에 따라서 레드 와인(Vin rouge), 화이트 와인(Vin blanc), 로제 와인(Vin rosé)으로 구분할 수 있다. 이렇게 구분되는 프랑스 와인의 변천과 생산지에 따른 프랑스 와인의 종류를 알아본다. 프랑스는 라인강, 알프스산맥, 피레네산맥, 대서양, 지중해 등으로 자연적인 국경이 형성된 국가로 57%의 국토가 농산물 재배가 가능한 경작지이다. 따라서 지형과 토양, 기후 등 포도에 영향을 주는 모든 요소에 최적의 자연조건을 갖추고 있는 나라이다. 2018년 농산물 중에서 와인이 차지하는 비율이 10%이며 전체 와인 중 레드와인이 약 60% 비율로 생산된다. 세계에서 가장 유명한 와인 생산국으로 이탈리아와 더불어 최고의 와인 생산량을 자랑하며 1인당 연간 61리터를 소비하여 룩셈부르크 다음으로 와인을 많이 마시는 나라이다.

프랑스에서 재배되고 있는 포도 품종은 130종이며, 비교적 넓은 면적에서 재배되고 있는 대표적인 화이트와인 품종으로 샤르도네(Chardonnay), 쇼비뇽 블랑(Sauvignon Blanc), 세미용(Sémillon), 무스카데(Muscadet), 슈냉 블랑(Chenin Blanc), 리슬링(Riseling)이 있고, 레드 와인 품종으로는 카리냥(Carignan), 그르나슈 누아르(Grenache Noir), 메를로(Merlot), 카베르네 쇼비뇽(Cabernet Sauvignon), 시라(Shiraz), 가메(Gamay), 생소(Cinsaut), 피노 누아(Pino Noir) 등이 있다.

대부분의 국토 전역에서 포도가 자라지만 주로 강을 끼고 있는 지역에서 더 많이 재배되며, 크게 강을 중심으로 북부와 남부로 나눌 수 있다. 북부는 기후조건이 불리한 지역으로 샴페인을 제외하고 대부분 단일 포도 품종으로 제조되며, 남부지역은 여러 포도 품종을 적절히 혼합하여 와인을 만들고 각 지방마다 특색 있는 와인을 생산하는 것이 특징이다. 포도 재배 지역을 크게 구분하면 보르도, 부르고뉴, 샹파뉴, 코트 뒤 론(Côtes du Rhône), 루아르(Loire), 알자스(Alsace), 프로방스(Pro-vence), 랑그도크 루시용, 동부 국경지방, 남서부 지방으로 나눌 수 있으며 이러한 분류방식은 기준에 따라 달라질 수도 있다. 유명한 샤토(Château)[11]가 많이 포함된 유명 와인 산지로 알려진 메독(Médoc) 지구는 보르도 지역의 한 부분이다.

프랑스는 이처럼 포도 재배에 훌륭한 자연환경과 더불어 포도 질병 퇴치 노력, 다양한 포도 품종의 개발, 새로운 와인 제조기술의 개발, 블렌딩 기술의 향상, 철저한 등급 관리의 노력으로 와인 재배 면적으로는 스페인과 이탈리아에 비해 작지만 최고의 품질을 자랑하는 세계 최고의 와인 강국으로 자리 잡게 되었다. 그러나 최근 다른 나라 와인의 발전으로 프랑스 와인 시장은 그동안의 독보적인 시장 점유율을 위협받기에 이르렀다.

프랑스 와인의 종류들 속에서 부르고뉴 와인은 보르도 와인과 함께 세계 2대 와인이라고 말할 수 있다. 다음 두 사진 속 병모양의 차이를 통해서도 알 수 있듯이 "흔히 보르도에서 생산되는 와인을 '와인의 여왕'이라고 한다면, 부르고뉴의 보졸레 누보는 '와인의 왕'으로 일컬어진다."[12] 여기서 보르도 와인 병 모양과 부르고뉴 와인 병 모양은 확연히 다르다는 점을 강조할 수 있다. 보르도 와인 병 모양은 길쭉한 모양에 어깨가 높고 둥근 각이 있으며 목이 있는 모양을 택하게 되는데 처음에는 이것을 '프롱티냥'(frontignan)이라고 불렀다. 부르고뉴는 와인 병 모양을 샴페인 병과 같은 모델을 택했다. 이것은

보르도 와인 병14

부르고뉴 와인 병15

보르도 와인 병 모양과는 다르게 어깨가 없는 형태이며 조금 무겁고 뚱뚱한 편이다. 이처럼 와인 병 모양이 다른 이유는 포도 품종과 연관이 있다고 볼 수 있다.13

부르고뉴 지방은 프랑스의 동쪽에 위치하고 있다. 그 중에 와인이 생산되는 지역은 특별히 '황금의 언덕'이라는 별칭으로 불린다. 별칭에 걸맞게 최고급 포도를 생산한다. 부르고뉴의 테루아(Terroir)16는 내륙성 기후이고 땅의 토질은 제각각 차이가 심해 각 도멘(Domaine)들마다 와인의 개성이 나타난다. 여기서 도멘이란 부르고뉴의 소규모 양조장을 뜻한다. 보르도가 샤토(성, 城)에서 와인을 양조하는 것과는 달리, 부르고뉴는 소규모 가족 단위의 양조장에서 생산하는 것이 보통이었기 때문에 아직도 이름 앞에 '도멘'이라고 붙이는 것이 일반화되어 있다. 이러한 이유로 적은 면적에서 소량 생산되는 도멘이 많기에 고급 와인의 경우는 엄청난 가격이 설정된다. 예를 들어 와인의 여왕이라는 본 로마네 에세조(DRC[Domain de la Romanée- Conti])17는 빈티지에 따라 수천만 원을 호가하기도 한다. 하지만 생산량만큼이나 가격 책정에서 중요한 요인으로 다른 와인과는 비교가 불가능한 섬세하고 부드러운 맛과 향을 꼽을 수 있다. 다시 말해 부르고뉴 와인은 실크나 벨벳 같은 극히 부드럽고 섬세한 여성 같은 이미지의 와인이라고 할 수 있겠다. 이러한 맛과 향이 나는 이유는 무척이나 재배하기 힘든 부르고뉴의 대표 품종인 '피노 누아'(Pino Noir)[18]의 영향이 제일 크다고 할 수 있다. 보르도 와인의 남성 같은 건강함은 주원료인 카베르네 쇼비뇽에서 나오듯이 부르고뉴의 여성 같은 섬세함은 피노 누아에서 나오는 것이다. 부르고뉴 지방의 또 다른 특징은 보르도 지방에서 여러 품종을 블렌딩하는 것과는 다르게 단일 품종만 사용한다는 점이며, 그것은 부르고뉴의 긍지 높은 자존심이 되었다. 프랑스 부르고뉴 지방의 가장 남쪽에 자리 잡은 보졸레는 포도밭이 남북으로 55km, 동서로 25km에 걸쳐 펼쳐져 있는 대규모 와인 생산지이다. 총면적은 18,000헥타르이고, 연간 평균 와인 생산량은 80만 헥토리터이다. 생산 비율은 보졸레(Beaujolais) 41%, 보졸레 빌라즈(Beaujolais Village) 26%, 크뤼 뒤 보졸레(Crus du Beaujolais) 33%를 이룬다. 이곳에서 포도를 경작하기 시작한 것은 8세기경이며, 보졸레 지방의 옛 수도 '보조'(Beaujeu)에서 보졸레라는 이름이 생겨났다. 보졸레 지역의 토양은 북쪽의 화강암, 편암 지대와 남쪽의 석회암 지대의 둘로 나뉜다. 남쪽 석회암 지대는 대략 10,000헥타르 정도로, 빛깔과 바디감에서 비교적 가벼운 와인을 만들어내며, '보졸레'라는 지역 인증 마크(Appellation)를 달게 되었다. 이곳에서 대부분의 보졸레 누보가 생산된다. 반면, 북쪽의 화강암, 편암 토양에서 보졸레 빌라즈와 10개 크뤼 와인들이 생산되고 있다. 보졸레 와인은 가메(Gamay)[19]라는 단일 품종으로 만들어진다. 가메는 화강암 토양에서 자라며, 이 품종의 가장 큰 특징은 레드 와인의 경우 다른 지방의 것과는 달리 매우 선명하고 화사한 빛깔을 띠며 과일향이 풍부하고

맛이 신선하다는 것이다. 일반적으로 레드 와인의 포도품종은 보졸
레 지방과 같이 화강암 토양에 잘 적응하지 못한다. 그러나 가메 품
종은 오히려 그 반대로 완벽하게 들어맞는다. 일찍 익은 조생종으로
보졸레 지방에서는 보통 9월 초순부터 수확이 시작된다. 가메로 만
든 보졸레 누보는 신선하고 생기가 넘치며 원기 왕성하고 과일향이
강하다. 가메는 보졸레에서 재배되는 면적이 전 세계 재배면적 가운
데 53%에 달한다. 이처럼 가메가 집중적으로 생산되는 이유는 14세
기경 부르고뉴 공작인 필리프 2세 드 부르고뉴(Philippe Le Hardi)가
가메 품종을 보졸레 지방에만 심도록 지시했기 때문이다.[20] 피노 누
아 품종을 좋아하는 개인적 취향 때문에 부르고뉴 전역에 퍼져 있는
가메 대신 피노 누아를 심게 하고 가메는 보졸레 지역만 심도록 한
것이다. 지금도 화이트와인을 위한 사르도네를 빼고는 보졸레 지역
에서는 거의 대부분이 가메를 재배하고 있다. 앞서 언급했듯이 북쪽
의 화강암, 편암 지대에는 10개의 크뤼와 보졸레 빌라즈가, 남쪽의
석회암 지대에는 보졸레가 위치해 있다. 보졸레 누보는 대부분의 남
쪽의 AOC에서 생산된다. 크뤼(Cru) 와인[21]은 가장 훌륭한 보졸레 와
인을 생산해 내는 10개의 마을에 주어진 하나의 등급, 정부로부터 각
마을에서 생산되는 와인에 마을 이름을 표기할 수 있도록 인정받은
지역으로, 우수한 품질 덕분에 보졸레 와인의 꽃이라 불린다.[22]

3. 보졸레 누보 축제

1) 축제의 유래 및 역사

보졸레 누보가 널리 알려지기 시작한 것은 1951년 11월 13일 처음으로 보졸레 누보 축제를 개최하면서부터이다. 보졸레 지역에서는 그해에 갓 생산된 포도주를 포도주 통에서 바로 부어 마시는 전통이 있었는데, 1951년 이러한 전통을 지역 축제로 승화시키면서 프랑스 전역의 축제로 확대되었고, 1970년대 이후에는 세계적인 포도주 축제로 자리 잡았다. 특히 1985년 프랑스 정부에서 매년 11월 셋째 주 목요일 자정을 보졸레 누보 판매 개시일로 규정한 이래, 매년 이 날을 기다려 세계 각지의 수입업자들이 보졸레로 몰려든다. 6개월 이상 숙성시키는 일반 와인과 달리 보관하지 않고 빨리 마셔 버리는 와인으로, 발효 즉시 내놓은 신선한 맛이 생명이기 때문에 보통 출시된 지 2~3주 만에 바닥이 난다. 이 때문에 프랑스 정부에서는 이 와인들을 항공기·모터사이클·풍선 기구·제트비행기 등 가리지 않고 가장 빠른 운송 수단을 이용해 세계 각지로 배송·판매하도록 한다. 프랑스 부르고뉴 지방의 보졸레 지역의 작은 마을들로부터 출발한 수백만 상자의 보졸레 누보 와인이 잠에 빠져 있는 프랑스 파리를 거쳐 들뜬 기분을 갖고 밤을 지새우며 기다리는 전 세계의 와인 애호가들을 향해 여행을 시작한다. 보졸레 누보 축제는 와인 세계에서 햇포도로 만든 와인을 맛보는 가장 신선하고 조금은 들뜬 마음으로 기다리는 연례행사가 되어 여행을 시작하는 것이다. 이미 앞에서 언급했듯이 보졸레 누보는 '보졸레 햇와인'이라는 뜻이다. 즉 보졸레 마을에

"보졸레 누보가 도착했습니다"라는 슬로건[23]

서 그해 수확한 와인으로 만든 햇와인이라는 뜻이 된다.[24] 보졸레 누보는 그해의 9월 초에 수확한 포도를 4~6주 숙성시킨 뒤[25] 11월 셋째 주 목요일에 전 세계에 동시에 출하하여 판매한다. 보졸레 누보가 도착하면 상점에서는 "보졸레 누보가 도착했습니다!"(Le Beaujolais Nouveau est arrivé)라는 슬로건을 문 앞에 내건다.

몇 주 전까지도 포도밭에 방금이라도 터질 듯한 포도 알갱이에 불과하던 것이 이렇듯 애타게 와인 애호가를 기다리게 하는 와인이 된다는 것은 무척이나 신기하게 느껴진다. 그것은 그해 수확한 포도로 빠르게 추수하여 순간적인 발효(4~5일)를 거쳐 빠른 숙성으로 만들어진 첫 번째 와인이기 때문이다. 보졸레 누보는 매년 늦가을 첫 수확을 자축하며 보졸레 지방이나 리옹의 작은 카페에서 동네 농부들이 마시거나 파리의 비스트로(Bistro: 작은 술집)에서 연말연시에 막와인(Free-flowing wine)으로 마시던 지방의 대중적인 술이었다. 그러던 것이 깊어가는 프랑스의 늦가을 정취와 가장 먼저 출하된 그해의 햇와인이라는 상큼한 이미지를 조화시켜 1951년부터 보졸레 지방 와인 생산업자 등이 와인의 출하시기를 매년 일정하게 하자는 논의로 11월 15일을 출하 날짜로 잡았다가 1985년부터는 주말을 낀 축하 행사를 유도하기 위해 매년 11월 셋째 목요일로 결정되었다. 여기엔 보졸레 지역의 유능하고 정열적인 와인 제조자 고(故) 조르주 뒤뵈프의 헌신적인 노력이 주효했으며 오늘날 보졸레 와인의 마케팅과 프로모션에서 큰 성공을 가져다주었다. 보졸레 누보는 레드와인용 가메 포도품종으로 만드는 레드 와인이지만 만드는 방법에 있어서 오히려 화이트 와인에 가깝다. 일반적으로 레드 와인을 만드는 과정과는 달리 분쇄와 줄기 제거 과정이 없이 포도송이 채 큰 통(Vat)에 넣고 뚜껑을 덮은 상태로 공기와 접촉을 피하면서 약 5일 정도 발효시켰다가 탄닌이 우러나오기 전에 재빨리 압축해 5주 정도 숙성하고 여과를 거쳐 상품화한다. 이렇게 짧은 발효는 분홍색을 머금은 옅은 자주색을 띠며 탄닌산을 적게 함유함으로 부드럽고 과일 향이 풍부해서 쉽게 마실 수 있는 가벼운 와인을 만들어준다. 따라서 화이트 와인과 같이 10~12℃ 정도로 차게 해서 마셔야 하며 홀짝홀짝 마시는 것이 아니라 축제를 벌이듯 벌컥벌컥 마시는 흥겨운 와인이기 때문에 그토록 인기가 높을지도 모른다. 오늘날 전 세계의 모든 카페와 레스토랑, 펍(주점), 비스트로 그리고 한적한 시골집에서까지 한 와인을 마시면서 동일한 축제에 참가하는 즐거움이 있기에 매년 한 동안 이 축제의 매력에 빠지게 된다. 이것이 보졸레 누보 축제이다.

2) 보졸레 왕 조르주 뒤뵈프

보졸레 와인은 1950년대 초까지만 해도 리옹의 값싼 레스토랑이나 파리의 비스트로에서 매년 늦가을에 마시기 시작하는 값싼 대중적인 와인이었는데 보졸레 누보를 마시는 것이 세계적인 연례행사

가 되기까지 한 사람의 노력과 지혜가 숨어있다. 그는 보졸레 지역에서 가장 우수한 와인을 만드는 와인 생산자로서 수십 년간 이 지역 와인 제조에 지대한 공로를 세워 〈보졸레 왕〉이란 칭호까지 듣던 조르주 뒤뵈프로 매년 11월 셋째 목요일 세계가 동시에 보졸레 햇와인을 마시게 하는 마케팅 전략으로 와인애호가들의 호기심을 자극하여 결국 오늘날과 같은 세계적인 〈보졸레 누보 축제〉를 만들어냈다.

보졸레 누보의 왕이라 불리는 조르주 뒤뵈프 보졸레 누보(왼쪽)와 2015년 보졸레 누보 경연대회에서 금메달을 수상한 피에르 페로 보졸레 누보[26]

조르주 뒤뵈프는 자신이 우수한 와인 생산자일 뿐 아니라 보졸레 지역에서 가장 큰 와인 중개상으로 보졸레 빌라주 또는 보졸레 크뤼의 우수한 포도를 재배하는 농부들에게 포도 재배를 지도하며 그들의 포도원에서 와인을 생산하고 상품화하여 〈조르주 뒤뵈프〉라는 라벨[27]을 붙여 세계 방방곡곡에 보낸다. 이처럼 제조된 와인의 라벨에 재배자의 이름을 넣어주는 것으로도 유명하다. 연간 400만 병 이상을 생산하는 조르주 뒤뵈프 와인 중 1/5가량은 보졸레 누보로 이것이 원조 보졸레 누보라고 할 수 있다. 조르주 뒤뵈프 각 포도원의 오늘날 포도 재배 일자를 보면, 이전에 비해 따뜻하고 햇빛이 좋은 봄날이 많아 지난 세기 가장 우수했던 1997년보다 대략 5일쯤이나 일찍 포도송이가 열리기 시작하였으며 6, 7월에 적당량의 비와 신선한 바람으로 포도가 충분한 양분섭취와 병충해로부터 보호받았고 8월 중순에 뜨거운 햇볕에서 충분히 무르익어 가도록 하였다. 이와 같은 결과로 8월 28일부터 시작된 추수는 30년 만에 가장 빠른 것으로 지난 1997년도의 빈티지[28]를 뛰어넘을 최고의 보졸레 누보를 맛볼 수 있는 기대를 부풀리게 한다. 조르주 뒤뵈프의 보졸레 누보는 가볍고 신선한 맛을 지니며 과일 향이 풍부한 것이 특징으로 알코올 함유량은 12%로 핑크빛을 머금은 옅은 자주색을 띤다. 어울리는 음식에는 생선류의 찜이나 소금구이·오리·닭 등 가금류의 가벼운 요리가 있으며, 햄·치즈·쿠키·샐러드 등과 같은 간식과도 잘 어울린다. 특히나 와인 자체만을 즐기기에 적당한 것이 보졸레 누보이다. 화이트와인과 같이 10~12℃정도로 차게 해서 튤립형 와인글라스를 이용하여 마신다. 조르주 뒤뵈프의 보졸레 누보를 맛보는 것은 와인 애호가에겐 그해에 생산되는 다른 와인들의 빈티지를 예측하는 척도가 되기도 하고 와인을 처음 접하는 초보자에겐 가볍고 신선한 와인을 맛보면서 와인의 오묘한 세계에 한발 접근하는 좋은 기회가 될 것이다.

3) 보졸레 누보 축제의 모습

보졸레 누보의 날은 매년 11월 셋째 주 목요일에 열리며, 올해 (2019년)도 11월 21일 프랑스에서 불꽃놀이·음악·축제가 열린다. 프랑스 법에 따르면 포도가 수확된 지 불과 몇 주 후인 당일 12시 1분에 와인을 풀어준다. 스와레(저녁 파티)는 전국에서 열리며 그 시즌의 첫 와인을 축하하기 위해 평소보다 더 많이 열린다. 보졸레 지역에서 열리는 보졸레 누보 관련 축제는 120여 개나 된다. 가장 유명한 레 사렌텔(Les Sarentelles)은 보졸레 지역의 수도인 보제우 마을에서 열린다. 보졸레 누보 전날 초저녁에 열리는 이 축제에서는 와인 시음·라이브 음악·춤이 펼쳐진다. 보졸레 누보의 날 오후 동안, 달궈진 텐트는 와인과 다양한 지역 음식을 방문객들에게 시식할 수 있도록 제공한다. 또 열두 가지 다양한 종류의 보졸레를 모두 대상으로 한 시식 대회가 있는데, 이 대회는 우승자가 보졸레 빌라주에서 자신의 체중을 그물로 채우는 대회다. 저녁에는 횃불에 불을 붙인 행진이 와인을 만든 농부들을 기린다. 한밤중의 불꽃놀이는 새 와인의 방류를 의미하며, 그 후 새벽까지 마신다.

보졸레 누보는 햇와인이기 때문에 빨리 마시도록 되어 있다. 대부분 통은 발매 후 다음 5월까지 소비되어야 한다. 그러나 훌륭한 빈티지(2000년 등)에서는 와인을 훨씬 더 오래 보관할 수 있고 다음 수확이 돌아올 때까지 즐길 수 있다. 더불어 보졸레 지역은 맛있는 음식으로도 유명하다. 유명한 폴 보퀴즈 레스토랑은 조지 블랑의 레스토랑처럼 보졸레 중심부에서 몇 분 거리에 있다. 이 훌륭한 레스토랑들은 그들의 와인 목록에 보졸레 누보가 많이 포함되어 있다. 그 와인은 고급 요리나 금요일 밤의 피자와 잘 어울린다. 가장 잘 제공되는 저 풍성한 체리 레드 색상의 빈티지인 보졸레 누보는 분명히 와인 속물에게는 맞지 않는다. 이 신선하고 과즙이 많은 붉은색은 맛있고 깨끗한 와인으로 끝나는 빠른 발효과정의 결과물이다. 보졸레 누보에 들어가는 가메 포도는 프랑스의 보졸레 지방에서 손으로 따온 것이다. 이 포도주는 실제로 약 1세기 전에 수확기의 종말을 기념하기 위해 현지인들이 생산한 값싸고 경쾌한 음료로 유래되었다. 아마도 보졸레 누보의 가장 유명한 생산자는 이 와인의 마케팅 천재 중 한 사람으로 인정받는 죠르쥬 뒤보에일 것이다. 이 어린 붉은 와인을 파는 것은 일부 와인에 의해 상당한 이윤으로 많은 양의 와인을 맑게 하기 위한 수단으로 여겨졌고, 이는 수확 직후 절실히 필요한 현금흐름을 창출할 것이다. 새로운 빈티지 첫 병을 들고 파리로 가는 경주에 대한 생각이 구상되어 언론의 많은 관심을 끌었다. 1970년대까지, 그 경주는 국가적 행사가 되었다. 이 행사는 1980년대에 유럽의 이웃 국가들로 퍼졌고, 그다음으로는 북아메리카, 1990년대에는 아시아로 퍼져나갔다. 광고 캠페인과 마케팅 자료에 사용된 전통적인 슬로건은 2005년에 "보졸레 누보 시간이야!"(It's Beaujolais Nouvau time)로 바뀌었다. 오늘날, 이 인기 있는 빨간색을 만드는 수십 개의 빈터들이 있다. 보졸레 지역은 북쪽에서 남쪽으로 34마일, 폭 7~9마일이며 AOC로 알려진 12종의 보졸레 종류를 생산하는 약 4,000개의 포도원이 존재한다. 여기에는 플뢰리(Fleurie), 코트 드 브루이(Côte de Brouilly) 등 주변에서 가장 훌륭하고 우수한 와인들이 포함되어 있다. 가장 흔한 두 가지는 보졸레와 보졸레·빌라주로, 전자는 이 지역 연간 생산량의 절반을 차지한다. 2010년에는 3,500만 병의 와인이 시중에 나왔다. 프랑스 슈퍼마켓에서 약 750만 개가 팔렸고, 일본, 독일, 미국으로 주로 수출되었다. 보졸레 누보는 딸기 발효라고도 알려진 탄산음료라고 불리는 와인 제조 공정으로 인해 쉽게 마실 수 있게 되었다. 이 기술은 포도 껍질에서 쓴 탄닌을 추출하지 않고 포도의 신선한 과일 품질을 보존한다.

4) 보졸레 누보의 현황

오랜 시간을 경험한 보졸레 누보 축제는 호황기와 침체기를 경험하면서 중단 없이 이어지고 있다. 보졸레 지역은 프랑스의 부르고뉴 지방에 속하는 곳인데, 1375년 필립 르 아흐디의 칙령인 '부르고뉴의 전 지방에서는 오직 피노 누아 품종으로만 와인을 만들 수 있도록 강제하는 것'의 예외 지역으로 지정되었다. 보졸레 지역이 유독 피노 누아가 잘 자라지 못했기 때문이다. 그러한 이유로 보졸레 지역은 피노 누아 대신 가메 품종으로 와인을 빚게 되었고, 그러면서 농민들이 그냥 편하게 마시는 테이블 와인 정도의 위상을 가지게 되면서 대중화에 성공할 수 있었다. 제2차 세계대전 당시 파리 등의 도시에서 피난을 오게 된 피난민들이 보졸레 누보를 마시면서 한때 잠깐 호황기를 맞은 적이 있었지만 세계대전이 끝난 이후 사람들의 입맛이 다시 보르도나 다른 부르고뉴 와인 쪽으로 돌아가게 되며 판매량은 감소하게 되었다. 보졸레 지역에서는 그해에 갓 생산된 와인을 와인 통에서 바로 부어 마시는 전통이 있었는데, 이러한 전통을 지역 축제로 승화시키면서 1951년 11월 13일, 처음으로 보졸레 누보 축제가 개최되었다. 보졸레 누보가 지금과 같이 전성기를 누리게 된 계기는 1970년에 등장한 와인 중개상인 조르주 뒤뵈프가 배경에 있다. 조르주 뒤뵈프는 보졸레 누보가 빨리 생산해서 빨리 마셔야 하는 와인이라는 점에서 역발상을 가지게 되었고, 그 역발상인 '그해에 수확한 포도로 바로 생산해서 가장 먼저 마시는 신선한 햇와인'이라는 이미지로 보졸레 누보에 대한 마케팅을 펼치게 되었다. 이 마케팅은 대성공을 거두게 되었고, 이전까지 보르도 지방이나 부르고뉴의 다른 지역에 비해 밀리는 이미지였던 보졸레 누보는 세계적으로 널리 알려지게 되었다.

보졸레 누보가 이렇게 성공적으로 정착하게 되자 프랑스 정부는 1985년부터 매년 11월 셋째 주 목요일 자정을 보졸레 누보 판매 개시일로 지정하게 되었다. 일본에서는 1990년대 초반부터 보졸레 누보가 알려지기 시작하며 많은 사람이 보졸레 누보를 즐기기 시작하였고, 한국에 처음 보졸레 누보가 들어오게 된 때는 1999년으로 알려져 있다. 2000년에 보졸레 누보에 힘입어 막걸리 누보를 국순당에서 출시했다. 그리고 여러 호텔에서 막걸리 누보 행사를 진행하기도 하였다. 보졸레 누보가 극동아시아에서 최전성기를 달리던 시기는 2000년 초중반인데, 한국의 경우에는 수많은 호텔이 와인 시음 축제를 열기도 하였고, 마트나 편의점들도 11월 초부터 보졸레 누보 예약을 받으면서 분위기를 한껏 끌어올렸다. 특히 이 시기에는 와인을 잘 즐기지 않는 20~30대를 대상으로 한 마케팅, 연인들을 상대로 한 마케팅에 많은 공을 들여서 이전까지 와인에 대해 관심이 적었던 세대들에게 와인을 전파하는 데에 큰 영향을 미치기도 했다. 그리고 일본의 경우에는 만화『신의 물방울』의 작가와 협업을 해서 와인 라벨을 붙이기도 했고, 한국의 경우에도 허영만 화백의 그림이 보졸레 누보의 라벨을 장식하기도 했다. 프랑스는 물론 해외에서도 2,500만 병 이상이 판매되었다. 실제로, 생산의 거의 절반이 국경을 넘어 판매되었다. 보졸레 누보의 도착이 일본과 한국에서 더 유명하다. 때때로 가장 열정적인 프랑스 와인 제조업자를 놀라게 한다. "일본인들은 보졸레 누보를 넣은 뜨거운 욕조에서 목욕하는 습관을 가지고 있다. 일본은 2017년에 582만 병을 보유한 보졸레 누보의 최대 수입국이기도 하다. 아이딕스(IDIX) 인포 그래픽에 따르면 2017년에 새로운 보졸레를 수입하는 상위 5개국에는 미국(171만 병), 영국(85만 병), 캐나다(76만 병), 중국과 홍콩(42만 병)이 있다."29

호황기 시절의 보졸레 누보는 생산량의 25% 가량이 일본 한 곳에서 소모될 정도로 열기는 엄청났다. 하지만, 보졸레 누보가 마케팅으로 살아남은 와인이기 때문에 한국을 기준으로 해서 2000년대 후반이 되면서 보졸레 누보의 열기는 급속도로 식어갔다. 그 원인으로 제시되는 것들은 여러 가지가 있었는데, 첫째는 과대 포장된 이미지가 벗겨지면서이다. 2000년대 초반의 경우에는 와인 자체가 고급스러운 이미지가 컸고, 더불어 그러한 점을 언론들이 많이 밀어주면서 '프랑스 와인인데 쉽게 접할 수 있는 가격의 와인'이라는 이미지가 사람들에게 충분히 잘 먹혀 들어갔다.30 그러나 와인 애호자가 늘어가면서 보졸레 누보의 가벼운 맛에 대한 거부감이 늘어갔고, 프랑스에서는 여전히 가볍게 마시는 테이블 와인인데 한국에서 유독 프리미엄을 붙여 비싸게 팔았다고 인식되면서 보졸레 누보의 이미지가 나빠지게 되었다. 특히 와인 애호자들이 늘어나면서 국내에도 프랑스 이외의 다른 나라의 다양한 와인이 들어왔고, 비슷한 느낌의 테이블 와인을 선택하고 싶으면 마트에서 보졸레 와인의 반값이나 그 이하 가격으로 구입할 수 있으며 비슷한 값에 더 좋은 평을 받는 와인을 마실 수 있게 되면서 가성비에서 밀리는 보졸레 누보의 인기는 줄어들 수밖에 없었다. 아무리 마케팅으로 밀어붙여도 그 돈을 내고 꾸준히 찾을 수 있는 매력이 보이지 않는 와인이기 때문에 초반 마케팅으로 밀어붙인 매출은 곧 바닥을 찍을 수밖에 없었다. 유행상품의 한계를 드러낸 것이기도 하다. 두 번째는 와인 자체에 맞지 않는 위치 설정 때문이다. 보졸레 누보는 엄연히 테이블 와인에 가깝게 편하게 마시는 와인이고, 타닌의 맛이나 오크 향 등이 약하다 보니 흔히 사람들이 아는 '고급진' 와인과는 잘 맞지 않는 편이다. 그런 와인을 매우 고급스러운 와인인 것처럼 묘사하다 보니 처음에는 잘 마시던 사람들도 와인의 경력이 쌓이면서 진짜 제대로 된 와인 쪽을 찾아가는 성향이 강해졌다. 그리고 한국 내의 와인 취향에서도 보졸레의 맛이 잘 맞지 않았다. 한국에서 잘 팔리는 레드 와인들은 대체로 타닌이 강하고 바디감이 단단한 와인이고 화이트 와인들은 가볍고 달콤한 느낌의 와인이기 때문에 보졸레는 이 양쪽에 해당하는 맛이라고 보기에는 좀 어렵다. 세 번째로는 2008년 이후로 세계 경기 불황을 들 수 있다. 경기가 하향세로 가고 내수가 침체되면서 웰빙 열풍이 순식간에 시들었고, 그러면서 보졸레 누보와 같은 사치재의 소비가 많이 감소하였다. 2008년부터 판매량이 감소하기 시작했다. 2019년 현재는 예전보다 많이 잊힌 모습이다. 2000년대 중반에 비하면 마케팅이 확실히 줄어들었고 그만큼 찾는 이도 줄어들었다.

4. 맺음말

지금까지 프랑스 와인과 보졸레 누보 축제에 대한 연구를 진행하였다. 이를 위해 프랑스 와인의 역사와 종류를 선행하고 보졸레 누보 축제의 모습과 보졸레 누보의 현황까지 알아보았다. 연구를 진행하면서 알 수 있었던 것은 와인에 대한 프랑스인들의 사랑과 자긍심이 대단하다는 점이었다. 축제를 계승 및 발전시키고자 하는 그들의 노력과 축제를 대하는 보다 긴 안목이 보졸레 누보 축제의 성공을 이끌었다는 사실이다. 이는 특히 거버넌스 차원에서 한국의 지역축제들을 준비하는 우리에게 시사하는 바가 크다. 1990년대 한국에서 지방자치제가 실시되면서 지방자치단체들은 문화정책이나 재정정책에 있어 이전보다 더 많은 자율권을 지니게 되었다. 지역을 홍보하면서 동시에 경제적 가치를 창출할 수 있는 지역 축제의 활성화에 힘을 쏟게 된다. 실제로 지역 축제의 수는 1950년대 8개에서 1970년대 83개까지 늘었고, 1990년대 지방자치제 실시 이후 2000년대에는 314개로 급증하였으며, 2008년 926개로 정점을 찍었지만 이후 여러 문제가 겹치면서 2014년 555개로 줄어들었다.[31] 그중에서 제대로 자리를 잡고 본격적인 수익을 창출하는 축제는 얼마 되지 않으며, 앞으로 지역 축제의 질적 성장과 경제적 가치의 안정적 창출을 위한 노력이 많이 필요한 상황이다. 이러한 상황에서 프랑스의 보졸레 누보 축제는 한국의 지역 축제가 무엇에 집중하고, 어떤 관점으로 지역 축제를 바라보아야 하며, 지역단체와 업체가 어떻게 상호 협조해야 할지에 대한 하나의 모델을 제시하고 있다. 한편으로는 보졸레 누보 축제가 지나친 마케팅과 상업적인 면에 치우치다 보니 전성기도 있었지만, 쇠퇴기를 맞게 되었다는 점은 반면교사로 삼아야 할 것으로 생각된다. 더불어 보졸레 누보 축제는 전성기와 쇠퇴기를 거치면서도 중단되지 않고 계속될 것이라는 사실에 우리는 보졸레 누보 축제의 가치를 찾을 수 있다. 우리도 보졸레 누보 축제를 통해 우리의 지역 축제를 거시적인 차원의 안목과 동시에 미시적인 차원의 면밀하고 세심한 기획과 준비를 통해 진행해야 할 것이다.

1 와인(Wine)은 영어이고, 독일어로 바인(Weine), 프랑스어로 뱅(Vin), 이탈리아어로 비노(Vino)라고 한다. 유럽의 대부분 언어는 라틴어에서 유래한다. 파생된 언어 간의 더 긴밀한 유사성을 보여주는 것은 그 언어권의 지리적 위치와도 밀접하게 관련이 되어있다. 영어와 독일어, 프랑스어와 이탈리아어가 서로 유사성이 있음도 지리적인 원인에서 찾을 수 있다. 본 고에서는 사람들의 이해를 돕기 위해 프랑스어의 뱅 보다는 영어의 와인으로 통일해서 사용하도록 한다.

2 모든 성인의 축일(프랑스어로 la Toussaint, 영어로 All Saints Day), 할로우마스(Hallow-mas)

3 저녁 파티의 프랑스어.

4 보졸레 누보(Beaujolais Nouveau)는 '새로운 보졸레'라는 의미로 보졸레 지방에서 생산되는 햇와인을 뜻한다.

5 J-F. Bazin, *Histoire du vin de Bourgogne* (Editions Jean-Paul Gisserot, 2002), 6. "학자들에 따르면 대략 3세기 초에는 부르고뉴에 포도밭이 존재한 것으로 간주한다."

6 진드기가 주범이었다. 필록세라는 유럽의 포도밭을 거의 황폐화시켜 쑥대밭으로 만들었다. 진드기 한 마리에 유럽 전체가 흔들린 이유는 유럽산 포도, 즉 비티스 비니페라가 필록세라에 대해 전혀 내성을 가지고 있지 않았기 때문이었다. 한 마디로 필록세라는 비티스 비니페라의 천적이었다. 필록세라는 원래 아메리카 대륙에만 분포했다. 그런데 미국 포도나무 묘목이 영국으로 수입되는 과정에서 뿌리에 기생했던 필록세라는 함께 영국 땅을 밟았다. 필록세라는 1863년 영국에서 처음으로 발생하여 전 유럽의 포도밭을 차례로 초토화시켰다. 프랑스 보르도에는 1869년, 이탈리아에는 1875년, 스페인에는 1878년에 창궐하였다. 포도나무 뿌리를 썩게 만드는 대단한 파괴력의 필록세라는 한동안 해독제가 없어 농가들을 파멸로 이끌었다. 가희 흑사병에 견줄 만한 살상력이었다.

7 심을식, "보르도 와인과 부르고뉴 와인의 대조적 특성", 「전남대학교 인문과학연구소 용봉인문논총」 48집 (2016), 106. "와인을 오래전부터 생산한 프랑스, 이탈리아, 스페인 이 나라들을 구세계 와인 국가라고 한다면 최근 와인 산업이 발전해가는 칠레, 미국, 호주, 뉴질랜드, 아르헨티나, 남아프리카 공화국 등의 국가를 신세계 와인국가라고 한다."

8 프랑스 와인이 세계적으로 유명한 이유는 포도재배에 적합한 환경을 갖추고 있기도 하지만, 일찍부터 품질관리체계를 확립하여 와인을 생산했기 때문이다. 프랑스의 와인은 지방행정부의 법률에 의해 규제를 받는데, 이것이 유명한 AOC(Appellation d'Origine Contrôlée)제도로 '원산지 명칭의 통제'라고 해석할 수 있는데, 포도재배장소의 위치와 명칭을 관리하는 제도라고 할 수 있다.

9 AOP(Appellation d'Origine Protégée: 원산지 보호 명칭)

10 윤영지 외 공저, 『와인 에피스드』 (백산출판사, 2018), 232.

11 샤토(Château)는 두 가지 의미를 갖고 있다. 고성을 의미하는 '성(城)'과 보르도 지방의 '와인을 만드는 장소'를 뜻한다. 샤토(Château)는 샤(Chat, 고양이)와 오 (eau, 물)의 합성어인데 고양이가 물을 먹으러 들어온 장소인 '성(城)'을 뜻하고 영어의 '성'(Castle)도 같은 의미의 구성인 것이다. 한편 보르도 지방에서 '와인을 만드는 장소'의 의미로 쓰이는 샤토(Château)는 부르고뉴 지방에서는 도멘(do- maine)이라고 부른다.

12 이효진, "도시樂: 독일의 쾰른 카니발과 프랑스의 보졸레 누보 축제", 「도시문제」 49권 552호 (대한지방행정공제회, 2014. 11.), 53.

13 심을식, "보르도 와인과 부르고뉴 와인의 대조적 특성", 120.

14 Daum Mart, "보르도와인? AOC만 기억하세요.", 2013년 1월 21일, http://cafe.daum.net/mart1000/jN5t/508?q=%EB%B3%B4%EB%A5%B4% EB%8F%84+%EC%99%80%EC%9D%B8&re=1, (2019. 10. 2.)

15 Breaking the writer, "My precious 6: 부르고뉴 와인", 2017년 6월 9일, https://blog.naver.com/imbad99/221025530063, (2019. 10. 2.)

16 테루아(Terroir)는 포도 재배 토양을 뜻한다.

17 프랑스 부르고뉴 지방의 본 로마네 마을에서 생산되는 에세조(Echezeaux) 와 인을 뜻한다. 만화와 드라마로 제작된 『신의 물방울』과 2011년 5월 24일 오후 에 미국 오바마 대통령이 영국을 방문했을 때 엘리자베스 여왕이 초대하는 만 찬에서 공식 와인으로 나오면서 더욱더 진가를 발휘하게 되었다.

18 Oz Clarke, *Guide des Terroirs, Atlas des vins du monde* (Gallimard, 2003), 52. "빨리 발아하고 빨리 익는 품종으로 썩기 쉬우며 더욱이 발효나 양조도 어려운 품종으로 간주된다."

19 가메 누아르 아 쥐 블랑(Gamay noir à jus blanc) 품종

20 심을식, "보르도 와인과 부르고뉴 와인의 대조적 특성", 100. "가메 품종은 고급 와인 제조 품종이 아니다. 그 해 소비되도록 만든 보졸레 와인이 가메 품종이다."

21 10개의 크뤼는 다음과 같다. ① 시루블(Chiroubles), ② 부루이(Brouilly), ③ 레니에(Régnié), ④ 플뢰리(Fleurie), ⑤ 생따무르(Saint Amour), ⑥ 꼬뜨 드 브루이(Côte de Brouilly), ⑦ 쥘리에나(Juliénas), ⑧ 쉐나(Chénas), ⑨ 모르공(Morgon), ⑩ 물랭 아 방(Moulin-à-Vent).

22 「월간와인」 5월호 (강남와인스쿨, 2011), 48-49.

23 Newsdujour, "Beaujolais nouveau", 2016년 11월 17일, http://www.newsdu jour.fr/ beaujolais-nouveau.html, (2019. 10. 2.) 유명한 문구로, 프랑스에서는 관용구로도 쓰인다.

24 최정은 · 김민송, 『와인, 아름다운 기다림』 (북스캔, 2011), 118.

25 빠른 숙성을 위해 압축 탄산가스를 불어넣는다고 한다.

26 고재윤, "조르주 뒤뵈프의 보졸레 누보: 과일향 일품인 '보졸레 누보의 황제'", 「매일경제」, 2015년 12월 14일, https://www.mk.co.kr/opinion/columnists/vie w/2015/12/1177083/ (2019. 9. 24.)

27 상표·상품명·제조 회사명 따위를 표시하기 위하여 상품에 붙이는 종이나 천 조각.

28 빈티지(Vintage)는 와인 제조 연도를 뜻한다. 오늘날 제도 연도를 의미하는 말로 다른 제품에도 넓게 사용되고 있다. 어원적으로 Vin(와인)과 age(연도)를 합성해서 만들어진 단어로 발음 구분을 위해 [t]가 중간에 들어간 것이다. 즉, 와인의 제조연도를 뜻한다.

29 L'internaute, "Le Beaujolais nouveau davantage apprécié par les Japonais", le 21/12/2018, https://www.linternaute.com/sortir/guide-des-loisirs/1246931-beaujo lais-nouveau-2019-date-de-la-prochaine-cuvee/,(2019. 10. 2.). "Les Japonais ont en effet pour coutume de se baigner dans des bains chauds de Beaujolais Nouveau! Le Japon est par ailleurs le premier marché importateur de Beaujolais Nouveau avec 5.82 millions de bouteilles l'an dernier. Dans le top cinq des pays importateurs de Beaujolais nouveau en 2017 selon une infographie d'IDIX, on trouve également les États-Unis(1.71 million), le Royaume-Uni(0.85 million), le Canada(0.76 million) et enfin la Chine et Hong Kong(0.42 million)."

30 당시 마트에서 파는 와인은 15,000원 정도였으며, 호텔급의 경우 100,000원 정도까지 하는 와인이었다.

31 김미현 외, "한국 지역축제에 관한 연구경향 분석: 2002년~2014년 사회과학분야 논문을 중심으로", 「지방행정연구」 29/2 (한국지방행정연구원, 2015), 267- 296, 269.

마슬레니차(Масленица)
: 러시아 전통 봄 축제에서 러시아식 사육제(謝肉祭)로*

양승조

1. 서론

축제는 '축일(祝日)과 제일(祭日)'이라는 이 말이 내포하고 있는 내용에서 알 수 있듯이 본질에서 종교와 깊이 연계되어 있다. 역사시대 이전부터 인류는 자신에게 영향을 미치는 주변의 거대한 힘을 가진 대상들과 현상들을 신적인 존재로 받아들였으며, 이들을 생활 주기와 연계해서 기념했다. 한 예로, 농경 문화권에 속하는 많은 지역에서는 태양과 대지를 주요한 신으로 추존했으며, 삶의 근원인 농업 활동과의 연계성 속에서 이들을 기념하고 숭배하는 모임, 즉 축제를 열었다. 이러한 의미에서 축제는 인간이 신(자연)이 베풀어준 은혜

---

* 이 글은『인문학연구』47호(2018.12)에 게재된 필자의 논문을 본서의 취지에 맞도록 수정·보완한 것입니다.

에 감사하는 마음의 표현이자 이러한 축복이 지속되기를 청하는 기원의 행위이다.[1]

그리스도교 축제 또한 기본적으로 이러한 범주에서 벗어나지 않는다. 고대 로마제국 시기에 그리스도교가 국가 종교로 수립되어 가는 과정에 제국의 공적 시간에서 기존의 전통신앙에 따른 절기들이 차지하고 있던 지위는 그리스도교 절기로 넘어가게 되었다.[2] 이러한 흐름은 유럽 중세 시기에 더욱 강화되었으며, 그 결과 그리스도교 문화권에 속하는 서양세계에서는 축제 중 적지 않은 수가 이 종교의 전통과 직간접적으로 관련되어 있다. 즉, 부활절과 같은 커다란 그리스도교 축제들에서 성 밸런타인의 날(밸런타인데이)과 같이 인간으로서 성자로 추존된 사람들을 기념하는 축일에 이르기까지 수많은 기념일과 축제들이 그리스도교 전통과 연계되어 있다.

그런데 그리스도교 축일 중에는 그리스도교 전통과 관계없는 '이교' 신을 기념하는 축제나 지역 전통 축일이 그리스도교로의 개종 이후 교회에 의해 그리스도교 기념일로 수용된 것들도 있다. 태양신 숭배와 연관된 축일이 예수 탄생일로 수용된 크리스마스가 그 대표적인 예이다.[3] 제정 러시아 시기 전 러시아적 축제 중 하나였으며, 소련 해체 이후 다시 빠른 속도로 부활하고 있는 '마슬레니차'(Масленица) 역시 그리스도교로 수용된 '이교' 전통이다. 마슬레니차는 사순재(四旬齋, 사순절) 직전 한 주간 동안 진행되는 축제이기에 러시아판 사육제(謝肉祭)라고도 불리는데, 이 행사의 기원에 대한 일반적 설명은 슬라브 전통 축제가 그리스도교 수용 이후 정교회에 의해 그리스도교적 특성을 띠는 축제로 변용되었다는 것이다.[4]

그런데 소련 해체 이후 이에 대한 반론을 제기하는 주장이 강하게 제기되고 있다. 예를 들어, D. E. 크라프추노프(Д. Е. Крапчунов)는 마슬레니차가 '이교' 전통에서 유래했다는 설명을 강하게 부정하면서, 이러한 주장은 반종교 정서가 강했던 소련 시기에 활동했던 학자들 그리고 소련 해체 이후에는 "개신교도들", "신은사주의자들"(неохаризматы), "신이교주의자들"(неоязычники)에 속하는 사람들이 러시아 문화의 특징을 이중신앙(Двоеверие)으로 설명하는 과정에서 나온 것이라고 비판하고 있다. 즉, 이들 신이교주의자들은 마슬레니차를 러시아 문화에서 보이는 전통적 '이교' 문화와 새로이 수용된 정교 문화의 혼종으로 설명하며, 이중신앙 문화의 대표적인 예라고 주장하고 있다는 것이다. 이러한 비판의식 위에서 그는 마슬레니차 시기에 부르는 민요, 마슬레니차 진행 요일의 명칭 등과 같은 마슬레니차를 구성하는 몇몇 요소들을 분석해 보면 이것들이 전적으로 그리스도교적 특성을 가지고 있음을 알 수 있다고 주장한다. 그리고 이러한 근거 위에서 마슬레니차를 '이교' 전통에서 기원한 축제로 설명하는 것은 잘못된 시도라고 말하고 있다.5

　마슬레니차의 기원에 대한 이러한 논쟁은 사실 유럽의 다른 지역들에서 찾을 수 있는 비슷한 형태의 축제인 카니발, 즉 사육제의 기원에 대한 논의와 유사하다. 실제로 사육제의 기원에 대해서는 크게 두 가지 설명이 제시되고 있다. 하나는 사육제를 전적으로 그리스도교 전통으로 보는 입장으로, 이에 따르면 카니발은 사순재라는 금육 시기에 접어들기 이전에 고기를 비롯한 음식들을 풍족하게 먹고 마시며 즐기는 기간이다. 이러한 입장에 있는 사람들은 'carnival'이라는 이 축제의 명칭이 바로 이를 증명한다고 설명하고 있다. 즉 이 용어는 라틴어 'carne vale'(고기로부터의 작별)나 'carne levare'(고기로부터의 해방)에서 왔다는 것이다. 반면 다른 한쪽에서는 고대 시기에 존재했던 다양한 종족들과 민족들의 전통들에서 찾아볼 수 있는 봄맞이 축제(들)가 그리스도교 교회에 의해 수용된 것이 사육제라고 설명하고 있다. 즉, 지중해 제국이었던 로마제국의 영토 내에는 수많은 다양한 종족들이 거주하고 있었는데, 이들이 가지고 있던 다양한 전통들이 로마라는 하나의 국가 내에서 상호 영향을 끼치게 되었으며, 나아가 로마제국이 그리스도교화되면서 교회에 의해 그리스도교 전통으로 수용되었다는 것이다.6

　　그런데 마슬레니차는 슬라브족과 그들의 거주지라는 이 축제가 행해진 공간적이고 인적인 조건으로 인해 유럽의 로마 가톨릭교회 권역에서 나타나는 사육제와는 다른 특징들을 보이고 있다. 예를 들어, 한편으로 마슬레니차 기간에 벌어지는 행사 중에는 그리스도교와는 전혀 관련 없는 것들이 존재하며, 다른 한편으로 러시아 정교회에서는 마슬레니차를 교회의 공식 절기로 수용하고 있지 않다. 바로 이러한 차이들로 인해 유럽화를 표방했던 표트르 1세는 슬라브적 특징이 강하게 드러나던 마슬레니차 행사에 가장행렬을 비롯한 유럽의 사육제에서 진행되는 행사들을 인위적으로 도입했다. 게다가, D. E. 크라프추노프의 주장과는 달리, 마슬레니차가 슬라브족의 전통축제에서 유래했다는 설명은 소련 시기 이전인 제정 러시아 시기의 저술들에서도 어렵지 않게 찾아볼 수 있다.7 이러한 이유로 인해 오늘날 러시아 정교회의 시각을 공유하고 있는 것으로 보이는 연구자들조차도 마슬레니차의 기원을 슬라브 전래의 '이교' 전통에서 찾고 있는 것이다.8

　　이상에서 알 수 있듯이 마슬레니차를 전적으로 그리스도교적 축제로 설명하는 것에 대해서는 의문의 여지가 있다. 이에 이 글에서는 슬라브 전통에서 시작해서 그리스도교적 특성이 가미된 축제라는 전제 위에서 마슬레니차의 기원과 변천 그리고 내용을 살펴보고자 한다.

2. 마슬레니차의 기원과 그리스도교 수용 이후의 변화

그리스도교 수용 이전에 러시아인은 자연현상을 신격화한 다신 교를 가지고 있었다. 이들이 숭배하던 신들 중에서 가장 중요한 존재 는 공(公, Князь)과 드루쥐나(Дружина)[9]가 숭배하던 페룬(Перун)과 일반 대중이 믿던 벨레스(Велес)였다. 페룬은 '천둥의 신'으로 원래는 바랴크족(Варяги)[10]의 숭배대상이나, 이들 노르만의 일족이 지배세 력으로서 동슬라브 지역으로 이동해 왔을 때 함께 들어와 슬라브족 의 신이 되었고, 벨레스는 '축신'(畜神, скотий бог)으로 전통적인 슬라 브족의 신[11]이었다. 마슬레니차는 이 중에서 슬라브족의 신인 벨레 스를 기념해서 벌이는 축제로, 계절이 겨울에서 봄으로 바뀌는 시기 에 열렸었다. 슬라브족은 농사가 가능해지고 산물이 풍성해지기 시 작하는 봄에 벨레스를 기념하는 축제를 벌였는데, 이것은 그가 가축 의 신이자 농업의 수호신이기 때문이다. 이 축제 기간에 사람들은 잔 치를 베풀고, 치즈, 버터, 고기 등과 같이 가축으로부터 얻을 수 있는 식품들과 여러 가지 곡물 및 그 가루를 사용해서 만든 다양한 음식들 을 먹었다. 또한 주먹싸움을 비롯한 다양한 놀이들을 즐겼으며, 조상 의 무덤을 찾아가 인사하고 음식을 바치는 시간도 가졌다.[12]

그런데 이러한 다신교 신앙은 키예프 루시(Киевская Русь)[13]가 블 라디미르(Владимир) 대공 시기에 그리스도교 일파인 정교를 수용하면서 점차 사라지게 되었다. '루시의 세례'(Крещение Руси), 즉 키예프 루시의 그리스도교 수용을 주도했던 블라디미르 대공도 개종 이전에는 키예프 공국의 전통적인 다신교 신앙과 그 숭배대상인 신들을 열성적으로 믿어서, 금으로 된 귀를 가진 은제 페룬 두상을 만들어 바치기도 했다.14 이때 키예프 루시 주변에서는 이슬람교(불가르), 유대교(하자르), 로마 가톨릭교(서유럽), 그리스 정교(비잔티움 제국)와 같은 다양한 종교-세력들이 슬라브족을 자신들이 믿는 신앙으로 개종시키려는 활동을 벌이고 있었는데, 블라디미르는 이 중에서 정교에 더 큰 관심을 가지고 있었다.

이러한 상황 속에서 키예프 루시와 비잔티움 제국 사이의 관계가 보다 긴밀해지는 사건이 발생한다. 비잔티움 제국의 바실리오스 2세(Basil II)는 제위에 오른 후 반대 세력들의 도전으로 인해 정치적·군사적 위기를 맞게 되었다. 비잔티움 황제는 이러한 난국을 타개하기 위해 키예프 공국을 비롯한 주변 세력들에게 군사적 지원을 요청했는데, 이때 블라디미르 대공만이 이에 호응해서 수천 명으로 구성된 부대를 파견해 주었다. 그리고 블라디미르는 바실리오스 2세가 반란을 진압할 수 있도록 지원하는 대가로 비잔티움 제국 황녀와의 결혼을 요구했다. 그러나 블라디미르가 파견한 군대의 도움을 받아 내부 문제를 해결한 후 바실리오스 2세는 블라디미르의 요청에 적극적으로 응하지 않았다. 이에 블라디미르는 크림반도 남서쪽에 위치해 있던 비잔티움 제국의 도시 케르소네소스(Chersonesus)15를 점령하면서, 자신의 요구가 충족되지 않을 시에는 콘스탄티노플도 공격할 것이라고 위협했다. 이에 비잔티움 황제는 정교수용을 조건으로 블라디미르 대공과 자신의 여동생 안나 포르피로게니타(Anna Porphyrogenita)의 결혼을 허용하게 되었다. 그리고 블라디미르가 988년에 비잔티움 황녀와 결혼하는 과정에서 세례를 받고 그리스 정교로 개종함으로써 키예프 루시는 그리스도교 국가로 바뀌게 되었다. 그리스도교로 개종한 후 블라디미르는 슬라브족의 전통신앙과 연관된 것들, 즉 슬라브족의 전통적인 다신교와 연관된 신상과 사당을 부수고, 그 자리에 정교 교회와 수도원을 건설했다. 또 각지에 정교 선교사를 파견하여 신민에게 강제로 세례를 집행하도록 하는 등 키예프 루시가 실질적으로 그리스도교 국가로 바뀔 수 있도록 적극적으로 지원했다.16

키예프 공국이 정교 국가로 바뀌게 되면서 슬라브인들 내에서 벨레스에 대한 신앙은 소멸되어 갔다. 그리고 그의 자리는 그리스도교 내에서 벨레스와 비슷한 특성을 가진 인물인 성 블라시오(Saint Blaise)가 차지하게 되었다. 성 블라시오는 몇 가지 점에서 벨레스가 가지고 있는 상징을 대신할 수 있는 그리스도교 인물이었다. 먼저, 성 블라시오의 러시아어 명칭은 블라시(Власий Севастийский)로 벨레스(또는 볼로스)와 그 발음이 비슷하다. 또한 그는 그리스도교 내에서 가축의 수호성인으로서 가축의 신인 벨레스와 담당하는 역할도 동일하다. 게다가 그리스도교 수용 이전에 벨레스를 기념하는 슬라브족의 봄 축제는 초봄에 열렸었는데, 성 블라시오의 축일은 봄이 다가오는 2월 24일로17 봄과 가까운 시기이다.18

이렇듯 키예프 루시가 정교로 개종하고 그리스도교 문화를 적극적으로 수용하게 되면서 축신 벨레스를 찬양하는 슬라브족의 봄 축제 또한 그리스도교 명절로 변화되어 갔다. 정교에서는 사순재 직전 일주일을 최후의 심판을 상기하는 기간으로 지켰는데, 러시아 정교회에서는 이를 '싀르나야 세드미차'(Сырная седмица, 치즈 주간)라고 부른다. 이것은 초기 그리스도교 시기에 팔레스타인 지역에서 수도 생활을 하던 사람들이 사순재를 준비하던 전통, 즉 수도자들이 40일간의 금욕 생활에 들어가기 직전 일주일간 유제품과 (금욕적 식단으로 구성된) 음식을 섭취하며 고행을 준비한 것에서 유래한 것이다. 러시아 정교회에서는 이 주간을 사순재를 준비하는 기간으로 경건하게 지켜서, 예를 들면, 토요일에는 앞서 죽은 그리스도교도들을 기리며 육식을 끊는 소재(小齋)[19]로 지켰고, 일요일에는 아담의 타락을 상기하며 경건하게 하루를 보냈다.[20] 그런데 러시아 정교회는 슬라브족이 가지고 있던 이교적 습속들을 배제하거나 그리스도교화하는 과정에서 벨레스를 기념하는 슬라브족의 전통적인 봄 축제를 정교회의 '싀르나야 세드미차'와 같은 늦겨울에서 초봄 사이에 지키는 교회 절기와 연결시키게 되었다. 그리고 이 과정에서 이 봄 축제가 열리는 시기는 그리스도교 달력에 맞춰졌다. 벨레스 축제로서의 봄 축제는 낮과 밤의 길이가 동일한 춘분에 열렸으나, 교회의 개입으로 이 기간은 사순재 직전의 '싀르나야 세드미차'와 동일한 기간으로 조정되었다. 춘분이 양력으로 대개 3월 21일이나 22일 경이고 사순재 직전 한 주간이 대개 2월 초순에서 중순이라는 점[21]을 감안할 때, 그리스도교 수용 이후 마슬레니차 시기는 한 달 이상 앞당겨지게 된 것이다.[22] 그 결과 이 축제는 늦겨울에서 초봄 사이에 열리는 (겨울보내기를 겸한) 봄맞이 축제의 성격에서 늦겨울에 열리는 겨울보내기 축제의 성격을 강하게 띠게 되었다. 그리고 이 과정에서 축제 기간도 축소되어서 최대 일주일로 제한되었다. 이렇듯 교회의 끊임없는 그리스도교화 노력의 결과 '이교신'인 벨레스를 기념하는 슬라브족의 전통적인 봄 축제는 그리스도교 사순재를 준비하는 일종의 러시아판 사육제(謝肉祭)로 변용되었다.

　그런데 이러한 교회의 노력에도 불구하고 이 봄 축제는 유럽의 사육제와는 달리 과거 슬라브족의 전통적 봄 축제의 특징을 적지 않게 유지했으며, 이에 따라 '카니발'이 아니라 '마슬레니차'라는 러시아만의 독특한 명칭을 가지게 되었다. 정교수용 이후 그리스도교적 절기로 변용된 마슬레니차는 슬라브족의 전통적인 봄 축제는 물론이고 서유럽의 사육제(謝肉祭)와도 다르게 축제 기간 동안 육식을 금지했다. 카니발(Carnival)은 '고기를 멀리한다'는 어원과는 달리 사육제 기간에 육식을 금한다는 말이 아니다. 사순재는 예수가 광야에서 40일간 금식하며 기도했던 것을 기념하는 기간이기에, 그리스도교 절기를 지키는 것이 전 사회적 행사였던 시기에 유럽에서는 정결한 마음을 유지하면서 예수의 고난에 동참하는 일환으로 이 기간을 육식이 금지되는 금육재(禁肉齋)로 지켰다.23 이렇듯 사순재 기간에 육식이 금지되었으므로 서유럽에서는 그 직전에 진행되는 사육제 기간에는 오히려 육식을 비롯한 다양한 음식을 먹으며 유희를 즐기는 축제를 벌였다. 그런데 러시아 정교회에서는 사순재 기간은 물론이고 마슬레니차 기간에도 고기 취식을 금지했으며, 대신에 우유, 치즈, 버터 등과 같은 유제품류의 섭취를 권장했다. 이러한 이유로 러시아가 그리스도교를 수용한 초기에 교회는 이 기간을 '먀소푸스트'(Мясопуст) 또는 '싀르나야 세드미차'라고 불렀는데, 이 말은 '금육(재)'(禁肉[齋])과 '치즈 주간'이라는 의미이다. 그러나 러시아 대중은 '먀소푸스트'와 같은 종교적 느낌이 강한 용어 대신 자신들만의 명칭들을 만들어 불렀는데 이때 사람들은 이 기간에 우유, 치즈와 같은 유제품이나 블린과 같은 버터를 사용해서 만든 음식을 먹는다는 점에 착안해서 이 축제에 '싀르'(сыр, 치즈)나 '마슬로'(масло, 기름)[24]가 들어가는 명칭들을 붙였다. 그리고 16세기에 접어들면서 이러한 용어들 중 하나였던 '마슬레니차'(Масленица, 기름[버터] 주간)가 가장 대중적인 명칭으로 자리 잡게 되었던 것이다.[25]

마슬레니차를 상징하는 음식인 블린(блин) 또한 슬라브족의 음식이다. 블린의 러시아어 어원은 '믈린'(млин)인데, 이것은 '밀가루의'라는 의미를 가진 '무츠노이'(мучной)에서 나왔다. 이에서 알 수 있듯이 블린은 곡물가루를 사용한 음식으로, 보통은 밀가루를 물에 개어 얇게 부친 러시아식 팬케이크를 가리키는 명칭이다. 그런데 과거에는 이것을 만드는데 밀가루 외에도 다른 곡물가루들을 사용하기도 해서, 예를 들면, 루시 시기에는 메밀가루를 사용한 블린도 있었다. 그리고 이 둘을 블린이 띠는 색으로 구분해서, 메밀가루로 만든 것은 '붉은 블린'(красный блин), 밀가루로 만든 것은 '우유색 블린'(молочный блин)이라고 불렀다. 그런데 블린이 어디에서 기원했는지는 학자들 사이에서 논의가 분분하다. 이 논쟁은 러시아 국가 기원에 대한 논쟁, 즉 노르만족인 바랴크가 키예프 루시를 건설했다는 '노르만설'과 슬라브족은 노르만 도래 이전부터 독자적인 국가체계와 문화를 가지고 있었다는 '반노르만설'의 연장선상에서 진행되고 있다. 즉, 블린 또는 바랴크가 도래할 때 이들과 함께 들어왔다는 설명과 슬라브족이 원래부터 가지고 있었던 음식문화였다는 주장이 대립하고 있는 것이다. 다만 우리의 논의와 관련해서 지적할 필요가 있는 것은, 어느 주장이든 블린은 슬라브인들이 그리스도교를 수용하기 훨씬 전부터 이미 먹고 있던 음식이었다는 점이다.

이러한 오랜 연원에도 불구하고 블린이 처음부터 슬라브족의 봄 축제를 대표하는 음식은 아니었다. 원래 슬라브인들은 봄 축제 기간에 치즈파이(пироги с сыром), 호보로스트(хворост)[26], 페레페치(перепечи)[27] 등을 더 즐겨 먹었다. 그러다 14세기에 와서야 블린은 마슬레니차를 대표하는 음식으로 자리 잡을 수 있게 되었다.[28]

3. 마슬레니차의 구성과 내용

앞에서 살펴본 것처럼 마슬레니차는 슬라브 전통 봄 축제가 정교회에 의해 순화되고 변용된 것이다. 그리고 이 과정에서 축제 기간도 늦겨울에서 춘분에 이르는 긴 시간에서 사순재 직전 한 주간으로 축소되었다. 러시아 대중은 이 한 주간의 마슬레니차 기간을 다시 '소 마슬레니차'(Узкая Масленица)와 '대 마슬레니차'(Широкая Масленица)로 나누는데, '소 마슬레니차'는 앞의 삼일인 월요일, 화요일, 수요일이고, '대 마슬레니차'는 뒤의 사일인 목요일, 금요일, 토요일, 일요일이다. 이들 마슬레니차를 구성하는 날들은 각각 고유한 명칭을 가지고 있어서, 마슬레니차 주간이 시작되는 월요일은 '영접의 날'(встреча), 화요일은 '유희의 날'(заигрыши), 수요일은 '미식가의 날'(лакомка), 목요일은 '환오(歡娛)의 날'(разгул), '전환의 날'(перелом), 금요일은 '장모맞이 연회의 날'(тёщины вечёрки), 토요일은 '시누이 내방의 날'(золовкины посиделки) 그리고 마지막 날인 일요일은 '송별의 날'(проводы), '용서의 날'(Прощеный день) 등으로 불린다.[29]

마슬레니차가 시작되기 직전 토요일에 러시아인들은 부모와 조상의 묘를 찾아가 성묘했다. 러시아 정교 전통에는 1년 중에 부모와 조상의 묘를 찾아가는 일곱 차례의 토요일들이 있는데, 이를 '어버이날'(Родительский день) 또는 '어버이 토요일'(Родительская суббота)이라고 부른다. 이러한 '어버이 토요일'들 중에서 두 차례는 러시아 정교회에서 지금까지 사망한 모든 세례 받은 그리스도교도를 위해 기도하는 '대 어버이 토요일'(Вселенская родительская суббота)인데, 이 중 하나가 마슬레니차 주간 직전 토요일이다. 사실 이날은 '이교' 전통으로서의 마슬레니차보다는 러시아 정교 축일로서 '먀소푸스트'(Мясопуст)와 연결되는 것이므로, '금육의 어버이 토요일'(Мясопустная родительская суббота)이라고도 불린다.[30]

마슬레니차 주간의 첫째 날인 월요일은 '영접의 날'로 마슬레니차 주간의 본격적인 시작을 알리고 준비하는 날이다. 이날에 사람들은 짚과 낡은 옷가지를 사용해서 커다란 허수아비를 만들어 마을이나 도시의 중심에 세워놓았는데, 이것은 여성의 모양을 하고 있으며 명칭은 축제 명칭과 동일하게 '마슬레니차'(마슬레니차-허수아비)[31]라고 불린다. 이날에 사람들은 죽은 가족 친지를 생각하며 블린을 만들어 가난한 사람들을 대접했으며, 야르마르카(ярмарка, 정기시장)가 열려 먹거리를 비롯한 다양한 물건들이 거래되었다.[32]

둘째 날인 화요일부터는 사람들 사이에서 교류가 활발해지기 시작한다. 이날에는 젊은 남녀가 서로를 초대해서 음식을 나누며 같이 놀이를 즐겼는데, 이러한 이유로 이날을 '유희의 날'이라고 부른다. 이러한 놀이 중 하나가 썰매 타기이다. 농촌에서 처녀, 총각들은 블린을 먹은 후 말 한 마리나 세 마리가 끄는 썰매를 타고 마을 마을을 돌아다녔는데, 축제 의상을 차려입은 이들 젊은이들은 때때로 음악을 연주하기도 했다. 또 사람들은 높은 둔성이나 (도시의 경우에는)

임시로 만든 가파른 썰매장에서 손 썰매를 탔다.[33]

마슬레니차 시기에 하는 또 다른 놀이로는 '주먹싸움'(Кулачный бой) 이 있다. 주먹싸움은 슬라브족의 전통적인 전투 방식에서 기원한 격 투 놀이로, 마슬레니차가 난잡하고 난폭한 축제로 인식되는 데 일조 한 행사이다. 그 극단적인 경우를 툴라주(Тульская губерния)에서 벌어 진 주먹 싸움에서 찾을 수 있는데, 이곳에서는 마슬레니차 전 기간에 걸쳐 벌인 주먹 싸움이 매우 격렬하게 진행되어서, 이가 부러지고, 코가 깨지고, 눈을 다치고, 갈비뼈가 부러지는 등 심하게 부상을 당 하는 일이 빈번하게 발생했으며, 심지어 심할 때는 사람이 사망하는 경우도 발생했다. 이러한 사고에도 불구하고 이 지방에서는 남자들 사이에서 주먹싸움에 대한 열정이 남달리 커서, 노소에 상관없이 아 침 일찍부터 운동을 하며 이 놀이를 준비할 정도였다.[34]

수요일은 '미식가의 날'로, 이날에 사람들은 친지와 친구 등 자신 이 좋아하는 사람들을 초대해서 블린을 비롯한 음식을 대접했다. 특 히 이날에는 장모가 사위를 초대해서 자신만의 조리법으로 만든 블 린을 대접했는데, 이러한 이유로 이것은 장모와 사위가 서로를 좀 더 잘 이해하기 위한 행사로 인식되었다.[35]

목요일은 '대 마슬레니차'가 시작되는 날('전환의 날')이다. 이날부 터 사람들은 본격적으로 마슬레니차를 즐기기 시작한다. 사람들은 거 리와 거리, 마을과 마을을 돌아다니며 노래를 부르고 춤을 추며 놀이 를 하는 대중유락(大衆遊樂, Народные гулянья)을 즐겼다. 예를 들어, 야로슬라블(Ярославль)에서는 이날에 전통 민중 악기를 연주하는 연 주가 무리가 집집을 돌아다니며 집주인과 함께 콜랴다(коляда)[36]를 불 렀다. 노래가 끝나면 집주인은 몰려온 무리에게 돈을 주고 술을 대접했다.37 도시에서는 더욱 다양한 볼거리와 즐길 거리가 대중에게 제공되어서, 마슬레니차 기간에 페트루슈카(Петрушка)38, 광대극, 회전목마, 손풍금 등과 같은 외국에서 들어온 놀이도 즐겼다. 광대극은 알렉세이 시기에 처음으로 들어왔는데, 차르는 이 극을 상연하는 극장도 마련했다. 그리고 이 시기부터 무대 공연을 위해 농노들에게 악기와 춤을 가르치기 시작했다.39 모스크바에서는 마슬레니차 기간에 대중유락의 일환으로 말타기 시합, 주먹싸움 등과 같은 행사들을 모스크바강 주변 여러 곳에서 열었는데, 특히 노빈스키 산책로(Новинское гуляние)40가 마슬레니차 시기에 대중유락이 진행된 대표적인 장소였다. 19세기 말에 노빈스키 산책로에서 벌어진 대중유락은 이 도로의 북쪽 끝인 쿠드리노 광장(Кудринская площадь)에서 남쪽 끝인 스몰렌스크 시장(Смоленский рынок)에 이르는 지역 곳곳에 조성된 다양한 즐길 거리들과 함께 진행되었다. 이곳에는 카페와 공연장이 상설되어 있어서 사람들이 음식과 술을 먹고 희극이나 페트루슈카(Петрушка) 인형극을 관람할 수 있었으며, 거리 주변에 조성된 썰매장, 스케이트장에서는 썰매와 스케이트를 즐길 수 있었다. 대중유락은 종소리와 함께 종료되었으며, 이후 사람들은 마차를 타고 술을 마시러 갔다.41

표트르 1세 시기에는 마슬레니차 행사에 서유럽의 사육제에서 보이는 행사들이 본격적으로 도입되었다. 표트르 1세는 수도를 상트페테르부르크로 옮기기 이전부터 마슬레니차 시기에 유럽에서 들여온 행사들인 희극공연, 회전목마 타기, (가면을 쓰고 거리를 돌아다니는) 가장행렬 등을 진행했다. 페테르부르크가 수도가 된 후에는 이곳에서 열리는 가장행렬이 가장 화려하게 치러졌는데, 여기에는 차르 자신이 직접 참여하기도 했다. 특히, 1721년에 스웨덴과 뉘스타드 강화조약(Ништадтский мир)

을 체결함으로써 대북방전쟁의 최종 승자가 되자, 표트르 1세는 이를 기념해서 1722년에 모스크바에서 마슬레니차 행사를 성대하게 거행했다. 이때 진행된 마슬레니차 가장행렬에서는 썰매에 실린 러시아 함대의 배들이 모스크바의 거리들을 행진하며 지나가는 장관이 연출되었다. 그러나 마슬레니차 시기에 진행되던 유럽식 행사인 가장행렬은 표트르 1세가 사망한 후 중단되었으며, 옐리자베타(Елизавета Петровна) 황제 시기에 와서야 다시 부활되었다.[42]

다섯 번째 날인 금요일은 '장모맞이 연회의 날'이다. 앞서 수요일에 장모가 사위를 초대하여 대접한 것에 대한 인사로 금요일에는 사위가 장모를 초대한다. 그러면 장모는 여러 친척과 함께 사위 집을 방문했다. 그리고 사위는 장모와 여러 손님에게 사위 집의 블린, 즉 사위의 아내이자 독립해서 한 가정을 꾸리게 된 장모의 딸이 요리한 음식을 대접했다.[43]

토요일은 '시누이 내방의 날'이라고 불리는데, 이것은 한 집안의 새로운 구성원이 된 며느리가 시누이를 초대해서 선물을 주며 친교를 나누는 날이기 때문이다. 또 이날에는 설성(雪城)을 놓고 다투는 성뺏기놀이를 즐겼다. 심비르스크주, 펜자주, 예니세이스크주(Енисейская губерния)에서는 몇 개의 탑과 두 개의 문을 갖춘 설성을 강가에 만들었다. 이때 사람들은 눈으로 성을 지으면서 동시에 성 주변 강가에 얼음구멍을 뚫어놓았다. 그리고 마슬레니차 주간의 금요일이 되면 이 성을 놓고 청년들이 두 패로 나뉘어 싸우는데, 이때 각각을 보병과 기병으로 나누어, 한 편(보병)은 성을 방어하는 역할을 하고 다른 한 편(기병)은 성을 공격하는 역할을 맡았다. 지휘자의 신호에 따라 공격 측(기병)이 성으로 돌진하면서 싸움이 시작되고, 수비 측은 빗

자루 등 여러 가지 물건을 사용해서 성을 방어했다. 그러나 결국에는 공격 측(기병)이 성을 포위한 후 문을 열고 돌진해 들어옴으로써 승리하게 된다. 성을 점령한 측은 승리를 기념해서 자신들의 지휘관을 미리 뚫어놓았던 얼음구멍에 빠트렸다. 놀이를 마무리하며 이 전투 놀이에 참여한 모든 이들은 함께 설성을 부순 후 노래를 부르며 집으로 돌아갔다.[44]

마슬레니차 주간의 마지막 날들인 토요일과 일요일은 축제를 정리하고 다가오는 사순절의 대 금육재를 준비하는 시간으로, '용서의 날들'(прощеные дни)이라고 불린다. 이 기간은 자신에게 잘못한 사람을 용서하는 날이자, 자신이 잘못을 저지른 사람으로부터 용서를 구하는 날이다. 그리고 이날에는 자신에게 심각하게 잘못한 사람이라도 용서를 구하면 "신이 그를 용서한다"(Бог его простит)는 말과 함께 사죄를 받아들였다. 또 이날에는 아는 사람이든 모르는 사람이든 길을 가다 만나는 모든 이에게 서로 용서를 구했다. 특히, 이 두 날 중에서도 일요일이 더욱 중요한 '용서의 날'인데, 이날에는 나이 많은 친척들을 찾아가 작별인사를 하면서 용서를 구했다. 이때 용서를 구하는 쪽에서 "우리가 당신께 지은 죄에 대해 저를(저희를) 용서하세요"(Простите меня[нас] в чем мы пред вами согрешили)라고 말하면, 상대편은 "신이 너를(너희들을) 용서한다. 너도(너희도) 나를 용서해다오"(Бог тебя[вас] простит, и вы нас простите)라고 답했다. 그리고 집으로 돌아와서는 치즈로 된 음식으로 저녁 식사를 한 후 흑빵 한 조각을 소금과 함께 먹었는데, 이것은 다음 날부터 시작되는 사순재 금식을 준비하는 의식이었다.[45]

'용서의 일요일'에는 또한 일가친척의 묘지를 찾아가 성묘했다.

몇몇 지역에서는 묘지를 찾는 순서가 있어서, 먼저 가족의 묘를 참배한 후, 성직자에게 가서 지은 죄를 고백하고 용서받는 시간을 가졌으며, 그 후 사망한 친척들의 묘소를 방문했다. 전통적으로 슬라브족은 내세를 믿어서 죽은 자의 영혼이 산 자와 함께한다고 믿었기에, 자신보다 먼저 죽은 친척의 묘소를 방문하면 이들이 방문자의 사랑과 경의에 기뻐한다고 생각했다.[46] '용서의 일요일'에 용서를 구하고 일가친척의 묘를 찾는 행위를 하는 데에는 군주 또한 예외가 아니었다. 총대주교가 있던 시기에[47] 총대주교와 차르는 서로 방문하여 서로에게 용서를 구하는 행사를 했는데, 먼저 총대주교가 고위 성직자들과 함께 차르를 찾아가서 용서를 구하면, 다음으로 차르가 고위 관료들을 대동하고 총대주교를 찾아가서 용서를 구했다. 차르는 총대주교로부터 용서를 받은 후, 추도프 수도원(Чудов монастырь)과 보즈네세니예 수도원(Вознесенский монастырь)을 방문해서 성자의 유골과 조상의 묘를 참배했다.[48]

또한 이 날에는 축제 첫 날 만들어 놓았던 '마슬레니차-허수아비'를 태우거나 매장함으로써 마슬레니차 주간을 마무리했다. 이 '마슬레니차-허수아비 태우기'(сжигание [соломенного чучела] масленицы)는 '이교' 전통에서 유래한 대표적인 행사이다.

이러한 이유로 마슬레니차를 그리스도교 전통으로 설명하는 쪽에서는 이 행사의 중요성을 축소하고, 이를 그리스도교적 행사로 달리 해석하려는 시도를 하고 있다. 예를 들어, D. E. 크라프추노프에 따르면, 러시아에서 마슬레니차-허수아비 태우기는 그리 일반적인 행사가 아니었으며, 보다 일반적으로 행해지던 '낡은 물건 태우기'는 사람들이 부활절 이전까지 해소해야만 하는 낡은 과거를 없애는 것을 상징하는 행위로 그리스도교적 행사이다.[49] 즉, 크라프추노프는 마슬레니차-허수아비 태우기와 낡은 물건 태우기를 별개의 행사로 구분한 후, 전자는 대중적이지 않은 행사로 그 의미를 축소하고, 후자는 그리스도교적 행위로 행사의 의미를 바꾸어 설명하고 있다.

그런데 마슬레니차-허수아비 태우기에 대한 크라프추노프식 설명은 제정 시기에 러시아 내 수많은 지역에서 나타나는 다양한 형태의 마슬레니차-허수아비들에 대한 기록에 의해 반박된다. 코스트로마주(Костромская губерния)에서는 마슬레니차 주간의 마지막 날인 일요일에 치장을 하고 짚으로 만든 콜파크(колпак)[50]를 쓴 남성들이 말타기를 하는 오보스(обоз)라는 행사가 열렸다. 이 행사 날 저녁에 이 남성들은 도시 외곽으로 가서 자신이 쓰고 있던 콜파크를 불태웠다. 또 이 지방의 농촌지역에서는 이날 저녁에 남자들과 여자들이 짚을 한 다발씩 들고 모여서 한군데 쌓아 놓고 태웠는데, 이것을 "짚으로 만든 남자 태우기"(сожечь соломенного мужика)라고 불렀다. 이러한 행위들은 모두 "마슬레니차-허수아비 불태우기"의 한 형태이다. 사라토프주(Саратовская губерния) 흐발린스크군(Хвалынский уезд)에서는 마슬레니차 기간에 목각 마슬레니차(-허수아비)를 말에 태우고 돌아다니다 일요일에 이것을 땅에 묻었는데, 이를 "마슬레니차 매장하기"(хоронить масленицу)라고 불렀다. 블라디미르 주(Владимирская губерния), 뱟카 주(Вятская губерния), 심비르스크 주(Симбирская губерния), 사라토프 주(Саратовская губерния), 펜자 주(Пензенская губерния), 니즈니노브고로드 주(Нижегородская губерния)에서는 악사들이 열두 마리 말이 끄는 썰매를 타고 연주하며 돌아다녔는데, 이것을 '순결한 마슬레니차 장례'(похороны честной масленицы) 또는 '순결한 마슬레니차 송별'(проводы честной масленицы)이라고 불렀다.[51] V. K. 소콜로바(В. К. Соколова)에 따르면, 소련 시기에도 수많은 슬라브계 러시아인 거주 지역들에서 마슬레니차 기간에 '마슬레니차-허수아비 태우기'를 했으며, 또 이 중 많은 지역에서는 이와 병행하고, 몇몇 경우에는 단독적으로 마슬레니차-허수아비 매장, 짚 또는 낡은 물건 태우기도 행해졌다.[52] 즉, 마슬레니차-허수아비 태우기 행사는, D. E. 크라프추노프의 해석과는 달리, 유럽러시아 지역에서 시베리아 지역에 이르는 공간에 위치한 러시아인 거주 지역들에서 광범위하게 발견되는 현상이었으며, 낡은 물건 태우기 행사 또한 마슬레니차-허수아비 태우기와 분리된 독립적 현상이 아니라 이와 연계되거나 이를 대체하는 행사였다.

4. 결론

마슬레니차는 슬라브족의 다신교 전통에서 최고신 중 하나인 벨레스를 기념하는 봄 축제가 정교 수용 이래로 그리스도교적 축제로 정착하게 된 것이다. 키예프 루시 시기에 슬라브족은 죽음의 겨울을 지나 대지 위에 생명이 부활하는 봄이 오는 시기에 가축의 신인 벨레스의 이름을 빌어 축제를 벌였다. 그런데 블라디미르 시기에 비잔티움 제국으로부터 정교를 받아들이게 되면서 '이교' 신인 벨레스 축제는 그리스도교 문화로 윤색되었으며, 그 과정에서 축제의 시기와 내용에 있어서 얼마간 변화를 겪게 되었다.

그러나 이러한 변화에도 불구하고 마슬레니차에는 이교적 특징을 보이는 행사들이 여전히 많이 남아있다. 한편으로는 마슬레니차 행사들에서 금육에 대한 요구와 사죄와 용서라는 그리스도교적 문화로 해석할 수도 있는 특징들을 찾아볼 수 있다. 그러나 다른 한편으로, 블린과 같은 슬라브족 전통 음식, 썰매 타기, 대중유락 등과 같은 다양하고 보다 보편적이었던 행사들에서는 어떠한 종교적(그리스도교적) 특색도 찾기 어려우며, 주먹싸움, 성 뺏기와 같은 놀이를 통해서는 전사 문화의 잔재를 오히려 찾을 수 있다. 그리고 마슬레니차-허수아비 태우기 행사를 통해서는 이 축제 속에 남아있는 슬라브족 전통신앙의 유습을 느낄 수 있다.

소련 해체 이후 러시아 내에서는 마슬레니차를 어떻게 설명할 것인가 하는 문제를 놓고 논쟁이 진행되고 있다. 한편에서는 전통적 입장에 서있는 학자들이 마슬레니차가 러시아 정교회에 의해 수용된 면이 있으나 그 기원은 '이교' 전통이라고 설명하고 있다. 반면, 다른 한편에서는 다른 일단의 연구자들이 이러한 해석을 소련 시기에 나온 이념적으로 편향된 분석 또는 소련 해체 이후 러시아 내부에서 발현된 신이교주의나 외부에서 들어온 개신교 계통의 종파들의 영향을 받은 잘못된 해석으로 평가절하하면서, 마슬레니차는 러시아 정교회의 전통이라는 설명을 제시하고 있다.

그러나 앞에서 우리가 살펴본 것처럼, 마슬레니차는 그 기원이나 내용에 있어 그리스도교적 전통과 슬라브족의 '이교' 전통이 결합된 산물로 볼 때에야 제대로 이해하고 설명할 수 있었다. 즉, 마슬레니차는 슬라브족의 '이교' 신앙의 산물인 봄 축제 위에 그리스도교의 사육제적 특성이 덧씌워진 러시아판 사육제라고 할 수 있다.

1 손상오, "축제의 현상과 전례적 의미 – 축제의 의미추구와 전례적 적응의 문제",
「현대가톨릭사상」 15권 (1996), 103.

2 서원모, "교회력의 법제화를 통한 후기 로마제국의 사회적 시간의 재조직에 대한 연구
–『테오도시우스 법전』을 중심으로", 「한국교회사학회지」 34집 (2013), 93-103.

3 양도원, "사육제의 기원과 변천과정 연구 2 – 기독교화 이후의 사육제", 「외국어
로서의 독일어」 20권 (2007), 118-119.

4 예를 들면, 임영상, "러시아 정교회와 종교축일 –봄철 축일을 중심으로-", 「서양
사론」 56호 (1998), 103-111; 남혜현, "마슬레니짜와 홀리 비교 연구 – 축제의 종
교적 의미와 사회적 기능을 중심으로", 「비교문화연구」 9권 1호 (2005), 3; 황영
삼, "러시아 축제문화 속에 나타난 러시아인의 특징", 「슬라브연구」 17권 1호
(2001), 78-79.

5 Д. Е. Крапчунов, "Проблема соотношения христианского и языческого в вос-
приятии русской традиционной культуры на примере масленичной обрядности,"
ПРАΞНМА. Проблемы визуальной семиотики № 3/5 (2015), 117-127.

6 양도원, "사육제의 기원과 변천과정 연구 1 – 어원과 고대사회의 축제를 중심으
로", 「외국어로서의 독일어」 18권, 2006, 166-167.

7 예를 들면, Н. Дубровский (сост.), **Масляница** (М.: Типография С. Селиванова,
1870), с. 3-12.

8 Моисеенков Александр, "Масленица: смысл, история и традиции," **Фома**
(https://foma.ru/maslenicza-smyisl-i-istoriya-tradiczii-i-obryadyi.html#smysl. 검색일:
2018년 10월 26일).

9 드루쥐나(Дружина)는 러시아와 우크라이나의 초기국가 시기에 통치자인 공(公,
Князь)을 보좌하고 조력하던 전사이다.

10 러시아 최고의 역사기록인 '원초연대기'(Повесть временных лет)에 따르면,
러시아 및 우크라이나의 시원이 되는 최초 국가는 슬라브인들이 스칸디나비아
반도 동부 연안지역에 거주하고 있던 노르만의 일족을 통치자로 받아들이면서
수립되었다. 이때 들어온 노르만인들을 바랴크족(Варяги) 또는 루시(Русь.)족이
라고 부른다(Повесть временных лет [Moscow; Augsburg: Im Werden Verlag,
2003], 7).

11 벨레스(Велес)는 볼로스(Волос)라고도 불리며, 페룬과 경쟁하는 신이다. 남혜
현에 따르면, 볼로스 숭배는 가축 수호뿐만 아니라 곰 숭배와도 연관된 현상이
다(남혜현, "마슬레니짜와 홀리 비교 연구 – 축제의 종교적 의미와 사회적 기
능을 중심으로", 「비교문화연구」 9권 1호 [2005], 3).

12 Дубровский (сост.), **Масляница**, с. 4-5, 8, 11; Александр Моисеенков, "Масленица:

смысл, история и традиции", **Фома** (https://foma.ru/maslenicza smyisl-i-istoriya-tradiczii- obryadyi.html#smysl. 검색일: 2018년 10월 26일).

13 노르만 인을 통치자로 '초청'해서 수립한 러시아와 우크라이나 초기의 국가이다.

14 Дубровский (сост.), **Масляница**, c. 5.

15 케르소네소스(Chersonesus)는 크림 반도 남서부에 있던 고대 그리스 식민도시로, 킵차크 칸국에 의해 파괴되는 13세기 말까지 존속했다. 키예프 루시 시기에 작성된 연대기에는 '코르순'(Корсунь)이라고 표기되었던 이 도시는 블라디미르 대공 시절에는 비잔티움 제국의 흑해 거점지였다.

16 러시아 정교회는 블라디미르의 이러한 공로, 즉 키예프 공국에 그리스도교를 도입하고, 국가 내에서 정교가 확고히 자리 잡을 수 있도록 적극적으로 지원한 공로를 인정하여 후에 그를 성인으로 시성했다. 그 결과 블라디미르는 블라디미르 스뱌토슬라비치(Владимир Святославич), 즉 '성자 블라디미르'라고 불리게 되었다.

17 성 블라시오의 축일은, 정교에서는 2월 24일(구력으로는 11일), 로마 가톨릭에서는 2월 3일이다.

18 Дубровский (сост.), **Масляница**, c. 9-12.

19 그리스도교에서 특별한 날에 음식을 먹지 않는 것은 크게 대재(大齋)와 소재(小齋)로 나뉘는데, 대재는 모든 음식을 먹지 않는 단식재(斷食齋)이고, 소재는 고기 취식만을 끊는 금육재(禁肉齋)이다.

20 Дубровский (сост.), **Масляница**, c. 13; Александр Моисеенков, op. cit.

21 음력으로 표시되는 춘분은 물론이고, 사순재 또한 음력으로 계산되었던 부활절을 기준으로 그 이전 40일을 가리키는 것이기에, 이 두 절기의 양력 날짜는 매년 바뀐다.

22 Александр Моисеенков, ibid.

23 이것은 그리스도교 종파 중 하나인 정교를 신봉하는 러시아에서도 마찬가지로 나타나는 현상이어서, 이곳에서는 사순재를 대금육재(大禁肉齊, Великий пост)라고 부른다.

24 '마슬로'(масло)는 보통 식물이나 동물에서 추출한 식용기름을 의미하나, '마슬레니차'와 연관해서 사용하는 의미에서는 이러한 협의의 의미라기보다는, 이에 더해 '가축의 젖'과 이를 사용해서 생산한 '유제품' 등을 포함하는 '유지류(油脂類)' 전체를 가리키는 광의의 개념이다.

25 Дубровский (сост.), **Масляница**, c. 14-15; Александр Моисеенков, op. cit.

26 흐보로스트(хворост)는 밀가루 반죽을 기름에 튀겨 만드는 러시아식 튀긴 과자이다.

27 페레페치(перепечи)는 종지모양으로 만든 밀가루 반죽 안에 다양한 견과류를 넣어 구운 러시아 음식이다.

28 Ю. А. Матюхина, А. А. Алебастрова, О. И. Сорокина, Л. Ж. Далланова, Е.

E. Малахова, **Масленица, Великий пост, Пасха: История, традиции, постный
и праздничный стол** (М.: НиолаПресс, 2010), с. 8, 10, 13.

29 "Масляница", **Энциклопедический словарь** Т. XIII-а. Малолетство ‐ Мейшагола
(Издатели: Ф. А. Брокгауз, И. А. Еврон. СПб., 1896), с. 755; "Масленица: обряды
на каждый день", Uralweb.ru (https://www.uralweb.ru/pages/other/3013.
html. 검색일: 2018년 10월 26일).

30 Киктенко Елизавета, "Родительские субботы", **Фома** (https://foma.ru/roditel
skie-subbotyi.html. 검색일: 2018년 10월 26일); Дубровский (сост.), **Масляница**,
с. 14.

31 러시아에서 '마슬레니차-허수아비'는 보통 '마슬레니차' 축제와 동일하게 '마슬레
니차'라고 불리나, 이 외에도 고스티야-마슬레니차(Гостья-Масленица), 가라니카
(Гаранька), 폴류슈카(Полюшка), 바바(Баба) 등등과 같이 지역에 따라 다양한
명칭으로 불리고 있다(Т. А. Агапкина, **Мифопоэтические основы славянского
народного календаря. Весеннèлетний цикл** [М.: Индрик, 2002], с. 583). 이
글에서는 축제로서의 '마슬레니차'와 구분하기 위해 허수아비로서의 '마슬레니차'
는 '마슬레니차-허수아비'라고 표기할 것이다.

32 "Масленица: обряды на каждый день", op. cit.

33 Дубровский (сост.), **Масляница**, с. 18-19.

34 Дубровский (сост.), **Масляница**, с. 21-23.

35 "Масленица: обряды на каждый день", op. cit.

36 '콜랴다(коляда)'는 새해 전날이나 크리스마스 전날에 집집을 돌아다니는 풍습
이다. 이때 사람들은 노래를 불렀는데, 이 음악도 역시 '콜랴다'라고 부른다.

37 Дубровский (сост.), **Масляница**, с. 17.

38 페트루슈카(Петрушка)는 러시아 대중 인형극의 일종으로, 손인형극이다.

39 Дубровский (сост.), **Масляница**, с. 25-26.

40 노빈스키 산책로(Новинское гуляние)의 현 위치는 모스크바시 중심가에 위치
한 사도보예 환상도로(環狀道路)(Садовое кольцо)의 일부인 노빈스키 가로수
길(Новинский бульвар)이다.

41 Дубровский (сост.), **Масляница**, с. 23-24, 39-40.

42 Дубровский (сост.), **Масляница**, с. 26-31, 35-37. 1722년의 모스크바 마
슬레니차 모습에 대해서는 28-31쪽을 참조하라.

43 "Масленица: обряды на каждый день", op. cit.

44 Дубровский (сост.), **Масляница**, с. 20-21; "Масляница", Энциклопедический
словарь Т. XVIII-а, с. 756.

45 Дубровский (сост.), **Масляница**, с. 41-42.

46 Дубровский (сост.), **Масляница**, с. 43.

47 러시아 정교회의 지위가 총대주교좌로 승격된 것은 보리스 고두노프(Борис Годунов,

재위: 1551~1605) 시기인 1589년이다. 그러다 1721년에 표트르 1세가 시행한 교회개혁의 일환으로 총대주교좌가 폐지되었으며, 러시아 정교회는 황제가 관할하는 국가기관인 신성종무원(Святейший правительствующий синод)에 부속되었다. 이러한 구조는 제정이 유지되는 1917년까지 지속되었다. 그리고 1917년 2월 혁명으로 제정이 붕괴되고 임시정부가 수립되자, 러시아 정교회는 다시금 총대주교를 선출하기 시작했으며, 이것이 현재까지 이어지고 있다.

48 Дубровский (сост.), **Масляница**, с. 43-44.

49 Д. Е. Крапчунов, "Проблема соотношения христианского и языческого в восприятии русской традиционной культуры на примере масленичной обрядности," op. cit., с. 125-126.

50 콜파크(колпак)는 원추형이나 타원형의 모자이다.

51 Дубровский (сост.), **Масляница**, с. 15-17.

52 В. К. Соколова, **Весенне-летние календарные обряды русских, украинцев и белорусов XIX — начало XX в.** (М.: Наука, 1979), с. 16-28.

문화원형으로서의 중앙아시아 나브루즈(Navruz) 축제*

허성태

1. 서론

축제는 종교적 숭고함과 세속적 쾌락을 아우르는 성(聖)과 속
(俗)의 총합(總合)이다. 축제의, 신앙과 '놀이'를 종합하는, 이러한
보편성은 각 민족의 역사와 문화적 환경에 따라 점차 특수성을 띠게
되면서 민속축제로 발전한다.

따라서 축제는 그 구성요소로서 지역의 특색을 배제할 수 없다.
이러한 공간적 특성은 시간적 특성인 역사성과 더불어 중심인물을
부각시킨다. 그 중심인물은 신화세계나 역사세계의 절대적 인격체
일 수도 있고, 절대적 관념일 수도 있다(이상일, 1992).

---

* 2007년 9월에 충남대학교 인문과학연구소 문원학술세미나에서 발표했던 것을 보완
하여 2018년 「인문사회」 21(Vol.9 No.3)에 게재하였으며, 이번에 이를 다시 고쳐
서 서적으로 출판하는 것임을 밝힌다.

◀ 이미지 1 "나브루즈 축하엽서"
▼ 이미지 2 "나브루즈 축제"

　나브루즈(Navruz, Навруз) 축제는 그 기원을 명확히 밝힐 수 없을 만큼 오랜 세월 동안 지속되어 온 중앙아시아 지역의 전통 축제로서 그 전승 과정에서 이 지역에 정주하는 각 민족의 고유한 특성이 반영되어 오늘에 이르고 있다. 본 글은 막연히 중앙아시아 지역의 봄맞이 혹은 신년맞이 축제로 알려져 있는 나브루즈의 유래, 전통, 음식, 특징 등을 살펴보고 소개함으로써 보편성과 특수성을 근간으로 하는 문화원형으로서의 나브루즈 축제에 대한 이해의 폭을 넓히고자 한다.

2. 축제로서의 나브루즈

1) 나브루즈[1]

인류가 존재해 오는 동안 가장 중요한 사건 중의 하나는 봄의 도래일 것이다. 봄을 지구상의 제 민족이 다양하게 맞이해오고 있지만 모두 자연의 소생을 기뻐하고 인생의 승리와 풍년 등을 기원한다. 중앙아시아 지역에 전해 내려오는 나브루즈도 이와 관련한 축제 중의 하나로서 일종의 봄맞이 또는 신년맞이 축제이다.

1917년 2월 혁명으로 러시아 제국이 무너지고, 10월 사회주의 혁명을 계기로 레닌을 중심으로 한 볼셰비키가 정권을 잡은 후 소련은 나브루즈 축제를 엄격히 금지했다. 그러나 소련 정권하에서 금지되었지만 민중들의 의식 속에 세시풍속으로 뿌리 깊게 남아 있었던 나브루즈 축제는 1991년 소련 붕괴 이후 각 공화국들이 독립하면서 중앙아시아 제 민족 공동체의 민속축제로서 지위를 회복하였다.

Nauruz(Науруз)는 페르시아어의 '새로운'이라는 뜻의 nou(ноу)와 '날'이라는 뜻을 지닌 ruz(руз)가 결합하여 만들어진 합성어로서 새로운 해의 시작이며, 인간과 자연의 상호관계를 기반으로 하는 중앙아시아인들의 가장 중요한 축제의 첫날이다. 이 축제의 의의는 인간과 자연의 상호작용이 절대적인 조화를 이루어 만물이 소생하는 시기—낮과 밤의 길이가 각각 12시간씩 같은, 빛이 어둠을 제압하기 시작하는 춘분[2]—에 개최된다는 데 있다.

이와 같이 태양력으로 3월 21일 춘분에 거행되어온, 고대 중앙아시아와 페르시아인들의 전통에서 연유한 것으로 알려진, 나브루즈 축제는 이슬람교를 숭배하는 아랍인들의 정복을 단순히 견뎌낸 것이 아니라 그들의 정서(менталитет)를 지배하는 문화적 전통이 되었다고 할 수 있겠다. 오늘날 중앙아시아 지역의 따따르, 까작, 바쉬끼르, 끼르기즈, 따직, 우즈벡인들을 비롯한 코카서스, 중동, 흑해 유역, 발칸반도 등의 수많은 민족이 나브루즈를 민속명절로 제정하여 기념하고 있으며, 2009년에 유네스코에서 인류무형문화유산 대표목록에 등재하였고, 2010년 2월 18일에 개최된 제64차 유엔 총회에서 3월 21일을 '국제 나브루즈의 날'로 선포하였다.[3]

2) 나브루즈 축제의 기원

태양숭배의 전통을 바탕으로 하는 나브루즈 축제의 발단은 예언가 자라투쉬트라(Заратуштра)[4]와 페르시아의 국왕 드잠쉬드(Джамшид)로부터 비롯되었다고 한다.

나브루즈는 태양 숭배와 전설적 예언가 자라뚜스뜨라(Заратустра)의 이름과 관련하여 고대이란에서 유래했다고 전한다(몇몇 자료에 따르면 나브루즈 혹은 이와 매우 유사한 축제들이 자라뚜스뜨라가 태어나기 훨씬 이전부터 존재했다고 한다). 나브루즈는 페르시아어와 타직어로 '새해'를 의미한다. 이날 고대 페르시아 황제들은 태양의 1년 주기를 형상화한 왕관을 머리에 쓰고 '불'(Fire)을 숭배하는 사원의 제의에 참석하여 백성들에게 푸짐한 선물을 하사하였다. 후에 나브루즈는 이란어족뿐만 아니라 조로아스터교의 영향을 받은 터어키어족을 포함한 중앙아시아 대부분의 민족에 뿌리를 내리게 되었다고 한다. 피르도우시(Фирдоуси)[5]는 자신의 장편 서사시 〈샤흐나메〉(Шахнаме)의 많은 부분을 전설적인 황제 드쟘쉬드에 헌사(獻詞)하고 있다. 〈샤흐나메〉에 의하면 "700여 년의 드쟘쉬드 치세는 당대인들에게 있어서 황금기"였다. 드쟘쉬드는 사람들에게 짐승 가죽 대신에 직물로 짠 옷을 입도록 가르쳤으며, 사람들을 직업과 계층에 따라 구분하였고, 사람들이 지키고 살아야 할 법과 관습을 정비했다. 또한 그는 그 밖에 많은 유용한 물건을 만들어 백성들에게 하사하였다. 조로아스터교의 경전 「아베스타」(Авеста)에 따르면 바로 이 드쟘쉬드가 조로아스터교인들이 숭상하는 태양을 상징하는 불 중에서 성스러움에 있어 첫 번째 위치를 차지하는 신관(神官)의 불인 아투르-파르박(Ату-фарбаг)을 호레즘(Хорезм)에 점화했다. 드쟘쉬드에 의해 호레즘에 최초로 점화된 이 불은 나중에 동방과 서방으로 전파된다. 호레즘은 기원전 6~7세기에 아프카니스탄에서 아랄해로 흘러들어가는 아무·다리야 강(Аму·Дарья)의 하류에 발생한, 관개농업, 수공업, 상업 등이 발달했던 중앙아시아의 고대 문명국가로서 4~6세기에 초기봉건체제가 시작되었으며, 712년에 아랍민족에 정복당했다. 1220년부터는 몽골제국의 일원이 된 후 한국(汗國, Джучи)에 속했다가 16세기부터는 대부분의 영토가 히위(Hivites) 한국에 복속되었다.[6]

　페르시아, 미디아(현대의 이란), 그 밖의 중동 여러 국가에 전파된 조로아스터 력은 가장 오래된 달력 중의 하나로서 그 역사가 4000년을 상회한다.[7] 일종의 종교력인 이 달력의 모든 연대와 월, 일은 천사와 성자를 기린다. 명칭은 조로아스터교(고대 페르시아인들의 종교)의 창시자인 예언가 자라투쉬트라를 기념하여 명명되었다. 고대 페르시아인들의 이 달력은 육안으로 보이는 태양계의 행성들 중에서 가장 멀리 떨어져 있는 토성의 움직임에 기초하여 작성되었다. 페르시아인들은 이 행성을 "시간의 통치자"란 뜻의 케이반(Кейван)이라고 명명했다. 그리스인들이 토성을 크론(Крон, Chron) 혹은 크로노스(Хронос, Chronos)라고 불렀던 것도 흥미롭다. 이는 '시간의 신'을 의미한다.[8] 이와 같이 조로아스터력의 근간은 토성의 사이클이었다. 페르시아인들은 토성의 사이클을 32년과 동등하게 생각했다(현대 과학으로 밝혀진 토성의 사이클은 29.5년이다). 일 년은 30일씩 12개월로 계산하였다. 즉 일 년은 360일이다. 이 밖에도 이 달력에 들어가지 않은 며칠이 더 있었다. 이것은 새해 직전의 5~6일의 정진(精進), 즉 금욕기간이다. 조로아스트교인들은 지금의 중앙아시아인들과 마찬가지로 새해를 춘분(현대력으로 3월 21일)에 기념하였다.

모든 해의 명칭은 천사나 창조주(Бог-творец)의 이름에서 따왔지만 일련의 수호자인 성수(聖獸)의 이름을 붙인 것도 있다. 그러한 동물은 달력의 연수에 맞춰 모두 32종이다: 사슴, 양, 망구스(Herpestes), 늑대, 황새(Ciconia), 거미, 율모기(Natrix), 해리, 거북이, 까치(Pica pica), 청서(다람쥐과 Sciurus), 갈까마귀(Corvus corax), 수탉, 황소, 오소리(Meles meles), 낙타, 고슴도치, 중부 및 남부 유럽산 사슴의 일종인 라니(Лань, Dama dama), 코끼리, 말, 표범(Acinonyx), 공작(Pavo), 학, 삵괭이(시라소니, Lynx lynx), 당나귀, 백곰[9], 독수리, 여우, 돌고래, 멧돼지(Susscrofa), 부엉이(Bubo), 매.

페르시아인들은 이 동물들의 기질이 해당 해에 태어난 사람들의 성격과 당해연도의 사건에 재현된다고 믿었다. 그들은 닥쳐올 사건을 예견하고 해를 관장하는 천사의 의지를 읽기 위해 그 해의 상징인 동물을 유심히 관찰했다. 예를 들면, 페르시아인들은 사슴의 해에 태어난 사람은 고결, 자부심, 합리성을 지닌다고 생각했다. 또한 사슴의 해에는 계약을 체결하거나 합의를 하기가 좋을 뿐만 아니라 그 효력도 오랫동안 지속된다고 여겼다. 늑대의 해에는 모험적이고 용감한 사람들이 태어난다고 생각했지만 다른 한편으로는 전쟁과 자연재앙을 우려했다. 황새의 해에는 시인과 여행가들이 태어나고, 망구스의 해에는 이 동물의 기질을 타고난 악의 전사들이 태어난다고 믿었다.

조로아스터력의 월 명칭은 신화 또는 전설과도 관련이 있다:

프라바르딘(Фравардин)이라고 불리는 첫 번째 달은 조상을 기리는 달이다. 신년의 벽두에 죽은 선조들의 영혼이 새의 모습으로 육신의 고향을 방문한다고 여겼다. 조로아스터교를 숭상하는 페르시아와 그 밖의 나라들의 신년 축제에는 반드시 친척 방문, 조상숭배 등의 가정풍속과 관련한 의식이 들어있다. 아샤-바휘쉬타(Аша-Вахишта)라고 불리는 두 번째 달은 법과 진리를 기리는 달이며, 세 번째 달 하우르바트(Хаурват)는 자비와 질병치료의 달이며, 네 번째 달은 티쉬트리아(Тиштрия)는 어둠, 가뭄, 죽음을 이 땅에서 몰아내고 들판에 생명의 수분을 선물하는 천상의 기사 이름이다. 다섯 번째 달 아메르타트(Амертат)는 영생과 불멸을 의미한다. 여섯 번째 달 샤흐레바르(Шахревар)는 악의 세력으로부터 지구를 보호해주는 천군의 통솔자를 기념하여 명명되었다. 이 명칭은 묵상과 참회를 의미한다. 추분이 다가오고 낮은 점점 짧아지며 밤은 길어지는 달이다. 어둠이 지구에 내린다. 일곱 번째 달의 명칭은 계약의 천사인 미트라(Митра)의 이름을 딴 것이다. 추분이 지나고 낮이 현저히 짧아지면 미트라는 사람들에게 다가오는 겨울을 대비해 단결하도록 권고한다.

여덟 번째 달 아팜-나파아트(Апам-Напат)는 죄업의 정화와 관련이 있다. 아홉 번째 달 아타르(Атар)는 페르시아어로 "불"을 의미한다. 아타르 달은 동지(зимнее солнцестояние)를 예고한다. 그 후 낮은 서서히 길어지고 태양은 수평선 위에 더욱 높이 올라온다. 한 해의 가장 어두운 기간이 지나간 것이다. 조로아스터교의 달력에 의하면 10월은 동지 후에 곧바로 시작된다. 다투쉬(Датуш)라 불리는 10월은 현세의 조물주를 기리는 달이다. 이 달에 예언가 자라투쉬트라의 탄생을 경축한다. 11월의 명칭 보후-마나(Боху-Мана)는 창조주의 의지를 전달하는 천사-전령의 이름이다. 조로아스터력의 열두 번째 달 스펜타-아르마이티(Спента-Армайти)는 "은총의 세계"를 의미한다. 이 달은 토지와 그 토지의 비옥함, 그리고 모성애와 같은 후덕함을 기린다. 토지의 청결과 아름다움 그리고 조화의 유지라는-현대어로 말하면 생태학-항목이 모든 조로아스터교인들의 의무사항이다. 이 생태학적 원칙은 오랜 옛날에 고대 페르시아인들에 의해 세워졌는데 만약 이를 준수하지 않으면 엄격한 처벌을 받았다. 지구(땅)를 신과 동일시한 것이다.

고대 페르시아의 학자 오마르 하이얌은 자신의 저서 『나브루즈 나메』(Навруз наме)에서 "태양은 두 가지 회전을 하는데 그중 하나가 매 365일 6시간마다 회전을 시작한 바로 그 시간에 백양궁 성좌(양자리)로 회귀한다. 드잠쉬드 국왕이 이를 깨닫고 이 날을 나브루즈라 명명하고 명절로 제정하니 백성들이 이를 따랐다"고 기록하고 있다.

동방의 위대한 사상가 아부라이혼 베루니(Абуайхон Беруни)의 저서 『아트-타프힘』(Ат-тафхим)에도 나브루즈에 관한 기록이 나온다. 이에 따르면 페르시아인들에게는 파르바르딘(фарвардин)의 첫날을 새해, 즉 나브루즈라고 부르는 전통이 있었는데 "소그드인(Согды

또는 소그지쯔 Согдийцы)[10]들과 페르시아인들 사이에는 5일의 추가 여부에만 이견이 있었을 뿐 일 년과 달의 시작의 인식에 있어서는 아무런 이견이 없었다"고 한다. 그는 고대의 명절과 관습에 관한 자신의 또 다른 저서『오소르-울-보키예』(Осор-ул-бокие)에 다음과 같이 기록하고 있다: "태고에 사람들은 나브루즈 날에 서로 서로에게 물을 뿌렸다. 이러한 의식을 통해 겨울 기간에 자신과 주위 사람들의 집안과 옷에 찌든 때와 장작 냄새를 제거하였다."

고대 이란 학자들의 기록에 의하면 천사가 이날 약속된 시간에 천상에서 지상으로 내려온다. 그래서 이 순간을 가장 행복한 시간으로 간주하고 나브루즈 날에 사람들은 여명, 즉 태양의 출현을 고대한다. 이는 성스러운 전통이었다. 또 다른 기록에 의하면 바로 이날 드잠쉬드가 황제에 즉위하여 악의 세력을 물리치고 종교를 부흥시켰으며 자신을 위해 화려한 궁전을 짓고 옥좌를 만들었다.

오자르보드(Озарбод)라는 바그다드 조로아스터교의 옛 신관(神官)이 말하기를 페르시아에서 바로 이날, 즉 나브루즈 명절에 드잠쉬드 황제가 그때까지 아무도 몰랐던 사탕수수를 발견했다. 황제가 달콤한 사탕수수 주스의 맛을 보고는 이를 널리 음용하도록 하니 다섯째 날에 사람들은 서로서로 사탕수수 설탕을 선물했다. 이때부터 나브루즈 날에 서로 접대하고 서로에게 단 것을 선물하는 전통이 생겨났다고 한다.

살몬 파르시(Салмон Фарси)는 나브루즈에 관해 다음과 같이 말한다: "자라투쉬트라 시대에 신(神)이 사람들을 장식하기 위하여 나브루즈 명절에 루비(홍옥, 사파이어 рубин=яхонта)를 만들고, 메흐르간(Мехрган) 명절에는 황옥을 만드니 두 명절은 이 두 보석의 아름다움

만큼이나 아름다웠다." 사회만(1995: 348)에 따르면 메흐르간(Mexрган) 명절은 페르시아력의 7월인 미흐르(Mihr) 달 16일(이를 미흐르간Mihrgān이라고 함)에 시작하여 21일까지 계속되는 축제이다. 이 축제는 가을 절기의 시작과 관계가 있으며 또한 영웅전설과도 관계가 있다. 즉 페리둔(Feridūn)이 다하크(Ḍaḥḥāk)에게 승리를 거두고 즉위한 후 벌린 잔치에서 연유했다는 설도 있다.

『마호신 바-엘-이즈다드』(Махосин ва-л-издад)에 다음과 같은 기록이 있다: "사산왕조(Сасаниды, 224~651년에 존재했던 이란의 왕조로서 7세기에 아랍인들에게 정복당함)는 나브루즈 명절이 시작되기 25일 전에 궁정에 습기 먹은 축축한 벽돌로 12개의 기둥을 쌓아 올렸다. 그리고 각각의 기둥에 각종 곡물의 씨앗을 특별히 파종하고 이를 나브루즈 후 16일 동안 건드리지 않고 놓아두었다. 이 기간이 지나면 축제 분위기 속에서 음악을 연주하고 노래를 부르고 춤을 추며 발아한 곡물을 열어젖히고 도처에 흩뿌렸다. 이렇게 하여 파종한 각종 씨앗의 발아 정도에 따라 당해 년의 해당 곡물의 수확량을 예견했다."

"태고의 선사시대에 지구의 북극 대륙에 문명(文明)이 존재했었는데 어느 한 시점에 이 문명을 누리던 북극인들이 어떤 사건을 계기로 세계 각처로 이동하게 되었다"는 인류학적 가설이 나브루즈 축제의 북극 기원설을 뒷받침할 수 있다(Рене Генон의 Примордиаль-ная Традиция).

인도유럽어의 형태소 ruz(roz)는 "rost"(성장), "raskrytie"(열기), "razvertyvanie"(발달), "rozovyj"(붉은 색의 다양한 색조), "오른쪽"(동쪽에서 서쪽으로, 해가 가는 쪽으로) 등과 같은 생기발랄함과 절대적 긍정의 과정을 의미한다. 이러한 사실은 북극인들의 이동설과 관련하여 페르시아어 ruz(낮)와 이와 유사한, 언어학적으로는 동일한, "rus-"라는 어근을 갖는 민족지칭어 rus-i(루시), rus-sk-ie(러시아인)의 어원도 북방에서 기원하였을 수 있다는 가설의 근거가 된다.[11]

북극인들은 태양이 뜨지 않는 반년의 기간, 즉 별과 달 그리고 오로라와 추위의 기간이 지나고 마침내 저 멀리 지평선 너머에 태양이 떠오르며 '북극의 아침'이 밝아오면 6개월 동안 지속되는, 태양이 지지 않는 '북극의 낮'을 각별히 경축하곤 했을 것이다. 어느 시점에 북극을 떠나 유라시아 지역 등에 정착하게 된 북극인들은 고향에서와 같이 관습적으로 춘분점(春分點)을 시간의 표정(標定)으로 삼아 "새로운 낮", 즉 나브루즈를 맞이했을 것이다. 이를 바탕으로 "낮"을 의미하는 나브루즈의 ruz는 오늘날의 '12시간의 낮'이 아니라 원래 6개월 길이의 '북극의 낮'을 지시했던 것으로 추측할 수 있다.

3) 나브루즈 축제의 전통과 관습 그리고 특징

나브루즈를 경축하는 다양한 전통과 관습은 수천 년에 걸쳐 형성되었다. 지역에 따라 약간의 차이를 보일 수 있지만 오랜 옛날부터 현재까지 변하지 않고 전해 내려오는 공통적인 관습과 일반적인 특징이 있다.

(1) 나브루즈 축제의 전통

나브루즈 날 카자흐인들과 키르기즈인들은 반드시 노간주나무(Juniperus) 가지에 불을 붙여 그 연기에 자신들의 주택을 쏘인다. 이는 집에서 악의 기운을 쫓아내는 것을 상징한다.

산악지역의 몇몇 촌락에는 특이한 관습이 남아 있다. 명절을 앞두고 이웃의 젊은이들이 시집갈 연령의 딸이 있는 부유한 주인의 마구간을 남몰래 비밀리에 청소한다. 만약 성공하면 주인은 이 젊은이들을 푸짐히 대접하고, 주인한테 발각되면 반대로 그들이 주인을 접대하는 특이한 전통이다.

아마도 바쉬키르인들은 일찍이 우랄강의 기슭에 살았던 이란어족으로부터 나브루즈 명절을 받아들인 것으로 보인다. 이 지역의 3월 말 날씨는 아직 완연한 봄은 아니다. 그래서 바쉬키르인들의 나브루즈는 뭔가 러시아인들의 사육제(마슬레니차 Maslenitsa Масленица, 겨울을 보내고 봄을 맞이하는 슬라브인들의 祭儀)를 상기시킨다. 공동체의 구성원들에 의해 선출된 축제의 관리자가 젊은이들과 함께 가가호호 방문하여 가장들의 알뜰한 살림솜씨와 후덕함을 칭찬하고 그들로부터 공동식사를 위한 식료품과 달리기, 춤, 노래 등의 경연에 참석한 사람들에게 줄 포상용 수공예품을 받는다.

나브루즈 축제와 관련한 가장 흥미 있는 관습은 쿠르디스탄과 이란, 그리고 북인도 지역의 소수 조로아스터교인들의 공동체에 보존되어 있다. 이 지역 사람들은 거울과 양초와 어항을 나브루즈 명절의 식탁에 없어서는 안 될 필수품으로 여긴다. 거울은 사람들로 하여금 삶을 이성적으로 설계할 수 있도록 과거를 투영하고 미래를 보여주며, 양초는 빛과 경건한 삶의 에너지를 체화하며, 살아있는 물고기가 유영하는 어항은 활력이 넘치는 행복한 삶의 상징이라고 믿었다.

나브루즈 축제의 음식 또한 몇 가지 특징이 있다. "나브루즈 축제를 위해 사람들은 특별한 축제음식을 준비한다. 여성들은 발아밀 즙과 밀가루로 만든 수말락(сумаляк, sumalak), 봄철의 허브를 넣어 구운 빵인 쿡 삼사(kuk samsa), 작은 파이, 그 밖의 다양한 과자들을 만들어 준비한다. 한편 남자들은 밀가루와 발아밀 그리고 할림(khalim)이라는 고기로 만든 죽을 준비한다. 그 밖에도 축제음식에는 몇 가지 규칙이 있다. 축제 식탁에는 페르시아어 문자 '신'(sin, 영문자 s에 해당)으로 시작되는 일곱 가지 음식을 놓아야 한다. 예를 들어 '신'(sin)으로 시작되는 사브지(sabzi, 녹색의 발아 씨앗), 사브제(sabze, 건포도), 셉(seb, 사과), 시르코(sirko, 포도식초), 산드지트(sandjit, dzhida), 수마크(sumakh, 매자), 시르(sir, 마늘) 등이다. 또는 페르시아어 문자 '쉰'(shin, 영문자 sh에 해당)으로 시작되는 샤롭(sharob), 쉬리니(shirini), 샴(sham) 등을 놓기도 하고, 페르시아어 문자 '밈'(mim, 영문자 m에 해당)으로 시작되는 메바(meva), 마이(may), 마기즈(magiz) 등을 놓기도 한다. 이처럼 수 7은 축제 음식을 준비하는 데 매우 중요하다. 고대 천문학자들은 달의 움직임을 세심하게 관찰하여 7일 주기로 달의 위치가 바뀌는 사실에 주목하였으며, 모든 농사일은 달의 이러한 주기에 따라 이루어진다."[12]

축제 기간의 접대는 호사스럽다. 통상 나브루즈 축제는 6일 동안 치러지는데 나브루지 옴마(Наврузи омма) 혹은 나브루지 쿠착(Наврузи кучак)이라 불리는 첫 5일은 소-나브르즈이고, 나브루지 호사(Наврузи хоса) 혹은 나브루지 부주륵(Наврузи бузург)이라 불리는 여섯 번째 날은 정식 나브루즈 또는 대-나브루즈이다. 나브루지 옴마는 일반 대중의 축제로 여겨졌으며, 나브루지 부주륵은 황제와 그의 주변 측근자들만을 위한 상류층의 축제로 간주되었다.

나브루즈 축제 직전의 의식과 관습은 동방 제민족의 문화사에 있어서 독특한 위치를 차지한다. 페르시아어로 '붉은 수요일'이라는 의미의 초르샨베 수리(Чоршанбе сури)는 새해 직전, 한 해의 마지막 수요일에 치러지는 통속적인 불의 행사다. 새해 직전의 이 축제는 화요일에서 수요일로 넘어가는 일몰 전에 폭넓게 거행된다. 도시 구역 구역의 거리마다 사람들이 대문 옆에 마른 나뭇가지를 쌓아놓고 모닥불을 지피고 전통 노래를 부르며 차례로 이 모닥불을 세 번씩 뛰어넘는다. 이 의식을 통해 일 년 동안 쌓인 자신의 죄업과 질병을 불로 태워 제거하고 불의 기운을 받아 온갖 불행과 재난으로부터 벗어날 수 있다고 믿었다.

(2) 나브루즈 축제의 관습

○ **집 정리**

나브루즈 전야에 집안을 깨끗이 정돈해야 한다. 집과 마당을 청소하고 집안의 모든 것을 싱싱한 나무의 푸른 가지로 단장해야 한다. 축제가 시작되기 전에 구질구질한 모든 집안일을 마쳐야 한다. 풍성한 수확과 비와 우유의 증표로 집안의 모든 용기를 발효우유(айран), 곡물, 샘물, 우유 등으로 가득 채워야 한다.

○ **화해**

다툼을 벌였던 모든 이들과 명절 전에 화해해야 한다. 모욕을 주어 노엽게 한 이들에게 용서를 구하고 평화와 고요의 상태에서 명절을 맞이해야 한다.

○ **청결**

명절 전야에 반드시 목욕재계하고 다음날 입을 깨끗하고 맵시 있는 설빔을 준비해야 한다.

○ **다스타르한(Дастархан) 준비**

명절날 다스타르한(온갖 종류의 전통 민속음식)을 차린다. 음식은 전통적인 것이어야 한다: 명절 하루 전에 집안이나 마할리(махалль)에서 수말략(сумаляк, sumalak), 쿡-삼사(кук-самса), 구운 야채만두, 할림(халим), 특별 투그라마 플롭(особый туграма плов). 플롭을 만들고, 생명의 부활과 기쁨의 상징인 달콤한 적(赤)포도주, 태양을 상징하는

▲ 이미지 3 "수말략(сумаляк, sumalak)을 만드는 여성들"
▶ 이미지 4 "남성의 특권인 할림 만들기"

응유나 잼을 바른 과자(ватрушка)와 둥근 만두, 꿀, 과일 등을 준비
한다.

○ 여성의 일과 남성의 일

수말략(сумаляк, sumalak)을 만드는 일은 여성의 일이고, 할림을
만드는 일은 남성의 특권이다.

○ 축복

명절이 시작되기 전에 어른, 부모님, 교사, 스승 등의 축복을 받아
야 한다.

○ 새벽맞이

"샘을 보려거든 그 수원(水源)을 청소하라!"는 의식과 연관된 나
브루즈 축제는 새벽에 시작되었다. 새벽을 맞으러 모든 성인과 젊은
이, 아이들이 손에 손에 삽과 보습(кетмень 후치)을 들고 정해진 장소
의 샘이나 관개수로 옆에 모여서 청소를 했다. 청소를 한 다음 존경
을 받는 노인들의 지도하에 모두 함께 나무를 심었다.

○ 카르나이(карнай)와 수르나이(сурнай)

카르나이와 수르나이가 이른 아침부터 촌락과 도시 주민들을 축
제의 광장으로 초대한다. 바로 이 민속 악기들의 소리를 듣고 주민들
이 축제가 벌어지는 광장으로 모여드는 것이다.

이미지 5 "카르나이(карнай) 연주 모습"　　　이미지 6 "수르나이(сурнай) 연주 모습"

○ 식목

이날 반드시 몇 그루의 묘목을 심고 이를 잘 성장하도록 돌봐야
한다.

○ 행사장소

축제는 보통 문화·휴식공원이나 스타디움, 광장 등과 같은 자연
의 품속에서 치러진다.

○ 가족

명절은 마을(махалл)의 이웃들이나 고향(на природе) 친구들과
함께 보내되 반드시 가족을 포함해야 한다.

○ 바오르-하눔(Бахор-ханум)

반드시 축제의 여주인공인 가장 아름다운 아가씨를 선발해야 한
다. 선발된 아가씨는 봄의 상징인 바오르-하눔이 된다. 선발대회에
서 아가씨들은 미(美)뿐만 아니라 지혜와 명민함을 선보여야 하며 쾌
활하고 부지런해야 한다.

○ 데흐칸-보보(Дехкан-бобо)

또 다른 콩쿠르에서는 데흐칸-보보라는 농부-할아버지를 선발한다. 데흐칸-보보는 씨족의 연장자가 될 수도 있고, 젊은 사람이 될 수도 있다. 누가 되든 모든 사람으로부터 존경받는 근면하고 성공한 사람이어야 한다.

○ 첫 보로즈다(이랑, 두럭 Борозда)

축제가 끝난 후에 다양한 의식을 수반하는 들일을 시작한다. 들판으로 일하러 나가기 전에 거세한 황소와 수소의 뿔과 목에 기름을 바른다. 첫 두럭은 공동체에서 가장 존경받는 연장자가 만든다.

○ 축제의 개막

3월 21일 축제의 개막은 아름다운 민속 의상을 차려입은 바오르-하눔과 데흐칸-보보의 몫이다. 꽃으로 장식한 차량이나 마차를 타거나 혹은 도보로 카르나이와 수르나이 연주자들을 동반하여 마을을 돌며 주민들을 축제의 광장으로 초대한다. 군중이 모이면 바오르-하눔이 모두에게 신년축하를 한다. 그다음 모모예르(Момоер)와 데흐칸-보보 그리고 바오르-하눔이 함께 어린 나무를 이식한다.

○ 원조

축제 기간에 가난한 사람들에게 반드시 기부를 해야 하며 고아나 병자 혹은 독거노인들을 도와야 한다.

○ 용돈

이날 아이들에게 자신의 재량에 따라 소비할 수 있는 용돈을 준다.

○ 보이체착(Бойчечак)

시골의 아이들은 갈란투스(눈꽃, Galanthus)를 꺾어 들고 집집마다 돌아다니며 "보이체착" 노래를 부른다:

"보이체차키 아슬리 두르, 사마르칸디두르! (Бойчечаки асли дур, Самаркандидур!)

보이체착! 보이체착! (Бойчечак! Бойчечак!)

야크톄쉬 알리, 야크톄쉬 발리, 야크톄쉬 후루지 카쉬카리! (Яктеш Али, яктеш Бали, яктещ Хурузи Кашкари!)

보이체착! 보이체착! (Бойчечак! Бойчечак!)"

이는 '봄이 도래하여 나브루즈가 곧 시작된다'는 사실을 알리는 노래이다. 사람들은 밖으로 나와 아이들한테 다가가서 기쁜 소식을 전해준 감사의 대가로 사탕이나 돈을 선물한다.

○ 이웃 접대

이웃과 음식을 나눈다. 음식은 이웃에게 나누어준 만큼 되돌아온다. 하지만 종류가 다른 새로운 음식이다. 음식을 카수쉬카(касушка)[13]에 담아 이웃에게 주면 이웃도 바로 이 카수쉬카에 자신이 만든 새로운 음식을 넣어 되돌려준다. 음식을 받으면 3~5일 안에 답례를 해야 한다.

○ **출연**

나브루즈 축제가 열리는 장소, 즉 광장 혹은 유원지에는 악사, 춤
꾼, 가수, 곡예사 등이 출연한다. 줄타기 곡예사, 역사(力士), 만담가
의 출연은 필수다.

○ **손님**

가까운 지인들을 반드시 방문해야 하는데 이에 앞서 모든 친척을
방문하는 것이 원칙이다.

○ **하샤르(Xaшap)[14]**

따스한 계절이 도래하면 만물이 소생하고 새로이 치장을 한다.
대자연과 함께 인간도 깨어난다. 중앙아시아인들은 이 명절을 아주
치밀하게 준비한다. 축제는 15~20여 일 동안 지속된다. 나브루즈
명절을 앞두고 도시 도처(маxaлль, 구역)에서 하샤르(울력)가 벌어
진다. 공동으로 관개수로를 청소하고, 나무에 분을 바르고, 텃밭 갈
이를 한다. 하샤르의 전통은 이렇게 생겨났다.

(3) 나브루즈 축제의 특징

- 나브루즈 명절에는 불(oгoнь, fire)을 접촉한 음식을 먹어야 한다.
- 만약 이날 하루종일 온화한 마음 상태에 머무르면 한 해 동안 슬픔
  이 없을 것이다.
- 수말락(сумаляк, sumalak)은 장엄한 성가(聖歌)와 익살스럽고 경
  쾌한 민요를 부르면서 만들어야 한다.

- 완성된 수말략(сумаляк, sumalak)을 나누어 부을 때 솥에 넣었던 돌멩이들 중의 하나가 누군가의 용기에 들어가면 그 한 해 동안 이 사람은 행복할 것이다.
- 나브루즈의 또 하나의 특징은 학(鶴)이다. 중앙아시아인들의 민간 신앙에 따르면 학은 좋은 싹과 풍년, 그리고 성공을 가져다주는 길조이다.
- 당해 년에 음식물이 넘쳐나도록 집안의 모든 용기를 음식과 음료로 가득 채운다. 못다 채운 나머지 그릇도 비어있지 않도록 물이라도 채워놓아야 한다.
- 나브루즈 시작 전에 모든 집안일을 다 마치지 않으면 당해 년에 힘든 일이 생긴다.
- 집을 청소하지 않고 나브루즈를 맞이하면 다툼이 일어날 것이다.
- 만약 나브루즈를 맞이하여 다퉜던 사람과 화해하지 않으면 당해 년의 성공은 없다.
- 나브루즈 날에 아들이 태어나면 나브루즈바이(Наврузбай) 혹은 나브루즈벡(Наврузбек)이라고 이름을 짓고, 딸이 태어나면 나브루즈(Навруз) 혹은 나브루즈굴이(Наврузгуль ‘새해 첫날의 꽃’)라고 짓는다. 이 아이들은 행운아이다.
- 나브루즈 날에 눈이 내리면 매우 풍요로운 한 해가 될 것이다.
- 나브루즈 날에는 기분을 상하지 않아야 하며 노하여서도 안 되고 화를 내서도 안 된다. 그렇지 않으면 일 년 내내 악의 기운에 끌려 다닐 것이다.
- 나브루즈 기간에 자신이 행한 일을 당해년 내내 반복하게 된다. 그러므로 이 기간에 서로 채무를 면제시켜 주어야 하고 반목과 모욕

을 잊어버려야 하며 누군가에게 조언을 구해서도 안 된다.

- 나브루즈 축제 기간에 어떤 사람이 첫 손님으로 방문하느냐에 따라 그 해의 운이 결정된다. 새해의 첫손님은 명민하고 신심이 깊을 뿐만 아니라 온화하고 유순한 성품과 이름을 가진 평판이 좋은 사람이어야 한다. 가장 중요한 것은 불구자가 아닌 "정상적인, 행복한 다리"를 가진 사람, 즉 행운을 가져다주는 사람이어야 한다는 것이다.
- 반드시 식탁에는 황금 물고기가 유영하고 있는 어항과 인생에 활기를 불어넣어 주는 불의 상징인 불이 켜있는 양초가 놓여 있어야 한다.
- 나브루즈 전날에 일은 태양을 등지고 마쳐야 하며, 쓰레기는 일몰을 등지고 버려야 한다.

3. 결론 및 시사점

이상으로 중앙아시아인들의 나브루즈 축제에 대해 살펴보았다. 본고를 통해 여타 대부분의 축제와 마찬가지로 나브루즈 축제도 기본적으로 중앙아시아의 각 민족 공동체를 통합하고 화합시키는 역할을 수행하고 있음을 확인할 수 있었다.

연구 결과가 다소 미흡하다고 할 수 있겠으나 그동안 국내 학계에 막연히 알려져 있던 나브루즈 축제에 대해 원자료를 통해 좀 더 자세히 소개할 수 있었던 점에 만족하고, 이와 관련하여 몇 가지 바람을 피력하며 결론을 대신하고자 한다.

장차 나브루즈 축제를 중앙아시아 현지에서 몸소 여러 번 체험하고, 이에 관한 자료를 직접 채록·수집하여 민속학적 연구뿐만 아니라 나브루즈 문화콘텐츠 제작, 나브루즈의 상징체계 분석, 언어학적 가설의 증명, 동아시아 세시풍속과의 상관관계 설정 등과 같은 보다 심도 깊은 연구로 이루어질 수 있기를 기대한다.

또한 중앙아시아의 나부르즈와 슬라브 문화권의 마슬레니차 (Maslenica, Масленица, 봄맞이 축제)와의 관계를 종교적 의미와 사회적 기능을 중심으로 비교–분석한다면, 이들 문화의 상호접변의 결과 형성되었을 가능성이 높은, 중앙아시아 일대의 '글로컬 문화지형'을 파악하는데 크게 기여할 수 있을 것으로 사료된다.

1 중앙아시아의 "봄맞이 축제" 혹은 "신년맞이 축제"는 지역에 따라 그 명칭을 약간
  씩 달리한다. 이를 우즈베키스탄, 키르기즈스탄, 카자흐스탄, 페르시아(이란)에서는
  각각 나브루즈(Navruz), 노오루즈(Nooruz), 나브루즈-바이람(Navruz-bajram), 나우루
  즈(Nauruz)라고 칭한다. 본고에서는 특별한 경우가 아니면 나브루즈로 통일하였다.

2 3월 21일에 지구 전체의 낮과 밤의 길이가 같다. 반구에 따라 이날 계절이 바뀐
  다. 북반구에 봄이 오면 남반구에는 가을이 시작된다. 이를 각각 춘분과 추분이라
  고 한다. 여름에 낮의 길이가 겨울보다 더 길다. 따라서 지구의 북반구는 봄~여
  름(3월 21일~9월 23일)이 가을~겨울(9월 23일~3월 21일)보다 훨씬 더 따뜻
  하다.

3 중앙아시아 지역의 대부분의 민족이 이슬람교를 숭배함에 근거하여 나브루즈를
  이슬람교와 연관시키는 학자들도 있다. 그러나 이는 옳지 않은 것으로 보인다.
  나브루즈 축제가 거행되는 3월 21일 춘분은 태양력(太陽曆)을 기준으로 하며,
  이슬람의 신년은 월력(月曆)을 기준으로 한다. 따라서 이슬람의 신년은 매년 11
  일씩 뒤로 당겨지므로 3월 21일 춘분과 일치하지 않는다.

4 조로아스터교(일명 拜火敎)의 창시자. 자라투쉬트라를 그리스어로 발음하면 "별
  의 아들"(Son of Star)을 의미하는 조로아스트르(Зороастр)로 들린다. 그리스인들
  이 이를 소리 나는 대로 조로아스트르로 표기하기 시작하면서 오늘에 이르게 된
  것이다.

5 약 940~1020 혹은 1030. 페르시아와 타직의 시인. 페르시아인들과 타직인들의
  민족 정서를 담고 있는 그의 장편 서사시 "샤흐나메"(Шахнаме, 초판 994년, 2판
  1010년)는 형식상의 섬세함과 폭정에 대한 항거, 정의, 인도주의 정신으로 동방
  의 문학에 많은 영향을 끼쳤다.

6 Советский энциклопедический словарь (1979), 1470.

7 페르시아의 국왕들은 왕위에 즉위할 때 이 성스러운 달력에 변화를 주지 않을
  것을 맹세했다. 아마도 이 덕분에 조로아스터 달력이 수천 년을 견뎌내고 오늘날
  까지 전해 내려올 수 있었던 것으로 보인다.

8 시간에 대한 현대 학문의 명칭인 연대학(хронология, chronology)도 여기서 유
  래하였다.

9 페르시아인들은 '갈색 곰'은 신성한 동물로 여기지 않았다. 아마도 이 곰의 예측
  하기 힘든 교활한 기질 때문일 것이다.

10 기원전 10세기 중엽부터 제라브샨(Зеравшан 우즈베키스탄의 강)과 카쉬카다리
   야(Кашкадарья 우즈베키스탄의 강)연안 지역에 정착했던 중앙아시아와 카자흐
   스탄의 고대 동이란족의 명칭(현대 타직인들과 우즈벡인들의 선조 중의 하나)이
   자 이들의 국가명이다. 소그드는 고대문명의 중심지 중의 하나이며 중심도시는
   마라칸다(Мараканда)이다. 이 국가는 16세기부터 부하라 한국(汗國, Бухарское

ханство)에 복속되었다. 참고) 제라브샨(Зеравшан)강의 분지에 도시 사마르칸드와 부하라가 위치하고 있으며, 카쉬카다리야(Кашкадарья)는 에스키안호르 운하를 통해 제랴브샨강에서 부족한 물을 보충하고 있다.

11 Андрей Иваников, "Навруз," http://med.org.ru/article/382 (검색일자; 2019년 7월 27일 15:00).

12 루스탐벡 압둘라에프(Rustambek Abdullaev), "나브루즈 – 우즈베키스탄의 봄 축제", https://ichcourier.ichcap.org/article/%eb%82%98%eb% b8%8c% eb%a3%a 8%ec%a6%88%ef%bc%8d%ec%9a%b0%ec%a6%88%eb%b2%a0%ed%8 2%a4%ec%8a%a4%ed%83%84%ec%9d%98-%eb%b4%84-%ec%b6%9 5%ec%a0%9c/?lang=ko(검색일자; 2019년 7월 27일 15:00).

13 진흙을 구워 만든 사기그릇.

14 공동체의 이익을 위한 사심 없는 공동노동으로서 우리의 울력에 해당한다.

일본의 마쓰리에 관해서*

이시준

1. 서론

일본의 '마쓰리'(祭り)라고 하면 대부분의 사람은 그 지역의 우지코(氏子)가 거행하는 1년에 한 번 정도 거행하는 흥겨운 음악과 함께 화려한 등롱이나 조형물의 행렬을 떠올리기 쉬운데, 천황이 황거에서 올리는 제사(祭祀)도, 신사에서 매일같이 거행하는 제의(祭儀)도 모두 마쓰리인 것이다. 일본의 마쓰리는 농경사회의 공동체제사를 기초로 하고 있다. 매년 수확을 감사하기 위해서 신을 영접하고 공물을 바치고 축사(祝詞, 노리토)를 읊어 사의를 표하면서 연회를 하며 가무를 바치는 것이다. 마쓰리에 자주 등장하는 신여(御輿, 미코시)는 신이 행차할 때 타는 교통수단이다. 따라서 엔터테인트 면적인 요소가 많은 신여의 행렬이든 천황이나 신관(神官)들이 행하는 엄숙한

---

* 이 글은 2018년도 숭실대학교 인문아카데미에서 한 강의를 본서의 취지에 맞도록 수정·보완한 것입니다.

제사든 모두 마쓰리이며, 이러한 행위는 근본적으로 '신에 대한 감사의 행위'라 할 수 있다.

2. 일본의 공휴일

일본인들은 공휴일을 '축일'(祝日)이라고 하는데 간혹 나이든 사람들은 '제일'(祭日)이라는 표현을 쓰기도 한다. 제일이란 결국 글자 그대로 '마쓰리(祭り)의 날'인데 무슨 마쓰리인가 하면 황실을 중심으로 한 신(神道)의 마쓰리 날인 것이다. 가령 이하의 일본의 축일일 람표[1]를 전전의 제일과 비교해 보면 천황과 관련된 제사와 관련이 깊은 제일(祭日)을 확인할 수 있다.

〈표 1〉 일본의 축일 일람표

번호	명칭	날짜	戰前의 祭日	비고
1	설날 (元日)	1월 1일	四方節	새해를 축하함
2	성인의 날 (成人の日)	1월의 제2 월요일		성인이 된 청년을 축하함. 소정월(小正月)에서 유래.
3	건국기념일 (建国記念日)	2월 11일	紀元節	
4	춘분의 날 (春分の日)	춘분일	春季皇靈祭	자연과 생물을 소중히 여김
5	쇼와의 날 (昭和の日)	4월 29일	天長節	쇼와 천황의 생일. 1988년 이전에는 皇誕生日,1989년~2006년은 미도리노히(みどりの日)

번호	명칭	날짜	戰前의 祭日	비고
6	헌법기념일 (憲法記念日)	5월 3일		일본 헌법이 시행된 날
7	미도미 날 (みどりの日)	5월 4일		자연의 은혜에 감사. 원래는 4월 29일이었지만 2007년 이후 '국민의 휴일'이었던 5월 4일로 이동
8	어린이 날 (こどもの日)	5월 5일		단오의 절구
9	바다의 날 (海の日)	7월 제3 월요일		바다의 은혜에 감사. 2002년까지는 7월 20일이었으나 '해피먼데이제도'에 의해 요일 고정됨
10	산의 날 (山の日)	8월 11일		산에 대한 감사. 2016년부터 시행
11	경로의 날 (敬老の日)	9월 제3 월요일		2002년까지는 9월 15일이었으나 '해피먼데이제도'에 의해 요일 고정됨
12	추분의 날 (秋分の日)	추분날	秋季皇靈祭	선조를 공경하고 망인에게 조의를 표함
13	체육의 날 (体育の日)	10월 제2 월요일		1999년까지는 10월 10일이었으나, '해피먼데이제도'에 의해 요일 고정됨
14	문화의 날 (文化の日)	11월 3일	明治節	일본 헌법이 공포된 날
15	근로 감사의 날 (勤労感謝の日)	11월 23일	新嘗祭	
16	천황탄생일 (天皇誕生日)	12월 23일		현 천황의 생일

3. 천황에 의한 궁중 제사

일본의 마쓰리는 매우 다양하며 신에게 행복을 기원하는 영역의 크기에 따라 다음과 같이 4개로 나눌 수 있다.

〈표 2〉 영역의 크기에 따른 마쓰리(제사)의 분류

1	궁중 제사	천황	궁중에서 행하는 제사. 천황이 국가나 국민의 평안을 기원. 즉위식인 대상제(大嘗祭, 다이조사이) 외, 신상제(神嘗祭, 간나미사이), 신상제(新嘗祭, 니나메사이) 등
2	신궁 제사	이세신궁 (伊勢神宮)	이세 신궁에서 행하는 제사. 황실과 국가의 평안을 기원. 20년마다 행하는 식년천궁(式年遷宮)
3	신사 제사	전국의 각 신사	전국의 신사에서 행하는 제사. 메이지 시대 이후에 大祭, 中祭, 小祭로 구분되어 년 1회의 예대제(例大祭) 등이 있다.
4	민간 제사	가정	가정 내의 가미다나(神棚)나 조령사(祖靈舍)를 중심으로 행함

궁중 제사는 천황이 국가와 국민의 번영과 안녕을 목적으로 하는 제사를 말한다. 황거(천황이 거하는 궁전과 주거지. 현재 도쿄 지요다구에 소재)의 궁중삼전(宮中三殿), 황거에 있는 가시코도코로(賢所), 고레이덴(皇靈殿), 신덴(神殿)에서 열린다. 궁중 제사에서 가장 중요한 제사는 니나메사이(新嘗祭)이다.

〈표 3〉 주요 궁중 제사

월일	명칭	내용
1월 1일	四方拜	설날 이른 아침 천황이 궁중3전의 부속건물인 신가전(神嘉殿)에 이세신궁, 산릉(山陵) 및 사방의 신에게 요배(遙拜)를 함
	歲旦祭	아침에 궁중3전에서 행해지는 연중최초의 祭儀
1월 3일	元始祭	황위의 유래를 축하하고 국가국민의 번영을 3전에서 기원하는 제전
1월 4일	奏事始	

월일	명칭	내용
1월 7일	昭和天皇祭	쇼와 천황이 붕어한 날에 皇靈殿에서 행하는 제전
2월 17일	祈年祭	그 해의 풍작을 3전에서 기원하는 제전
춘분	春季皇靈祭	춘분 날에 皇靈殿에서 행해지는 선조제
	春季神殿祭	춘분 날에 神殿에서 행해지는 神恩 감사제
4월 3일	神武天皇祭	진무 천황이 붕어한 날에 皇靈殿에서 행하는 제전
	皇靈殿御神楽	진무 천황제 밤, 가구라(神楽)를 헌상하여 신령을 위로하는 제전
6월 30일	節折	천황을 위한 하라이 행사
	大祓	神嘉殿 앞에서 황족 및 국민을 위해 행해지는 하라이 행사
추분	秋季皇靈祭	추분 날에 皇靈殿에서 행해지는 선조제
	秋季神殿祭	추분 날에 神殿에서 행해지는 神恩 감사제
10월 17일	神嘗祭	賢所에 햅쌀을 바치는 神恩 감사제. 아침에 천황은 神嘉殿에서 이세 신궁에게 요배
11월 23일	新嘗祭	神嘉殿에서 천황이 햅쌀을 황조 및 신들에게 바치고 神恩을 감사하고, 천황도 같이 음식을 먹은 제전
12월 중순	賢所御神楽	밤 시간에 賢所에서 가구라(神楽)를 헌상하여 신령을 위로하는 제전
12월 23일	天長祭	천황의 생일을 축하하여 3전에서 행하는 제전
12월 31일	節折	천황을 위한 하라이 행사
	大祓	神嘉殿 앞에서 황족 및 국민을 위해 행해지는 하라이 행사
매일	日供の儀 每朝御代拝	

4. 신궁 제사

이세신궁(伊勢神宮)의 정식명칭은 '신궁'(神宮)으로 이세신궁에서 행하는 제사를 '신궁 제사'라고 한다. 신궁에는 황실의 선조신이 며 국민에게 최고신인 아마테라스 오미카미(天照大御神)를 모신 내 궁(内宮, 皇大神宮)과 의식주를 비롯하여 산업의 수호신인 도요우케 노 오미카미(豊受大御神)를 모신 외궁(外宮, 豊受大神宮)을 비롯해, 14곳의 별궁(別宮), 43곳의 섭사(摂社), 24곳의 말사(末社), 42곳의 소관사(所管社) 등이 있으며, 이들 125곳의 궁사(宮社) 전체를 '신궁' 이라고 한다.

연간 1,500회에 이르는 신궁의 항례 마쓰리 중에서도 가장 중요 한 것은 간나메사이(神嘗祭)와 식년천궁(式年遷宮)이다.

간나메사이는 그 해에 수확한 햅쌀을 최초로 아마테라스에게 바 치며 감사의 마쓰리로, 유키노오미케(由貴大御饌)와 봉폐(奉幣)를 중 심으로 해서, 오키타마노가미사이(興玉神祭), 미우라(御卜), 미카구 라(御神楽) 등의 제사를 행한다. 또한 부속된 마쓰리로, 봄에 신궁정 원(神宮御園)에서 열리는 미소노사이(御園祭), 신궁신전(神宮神田)에 서 열리는 신덴게슈사이(神田下種祭), 가을의 누이보사이(抜穂祭), 미사카도노사이(御酒殿祭), 미시오도노사이(御塩殿祭), 오하라이(大 祓)가 있어, 신궁의 연간 제전(祭典)은 간나메사이(神嘗祭)를 중심으 로 행해진다고 해도 과언이 아니다.

다음으로 식년천궁에 관해서인데, '식년'(式年)이란 정해진 해, '천궁'(遷宮)이란 궁을 옮긴다는 것을 의미한다. 식년천궁은 20년에 1번 동쪽과 서쪽에 있는 궁터에 옛날 그대로 사전(社殿)이나 의상 및 신보(神宝)를 전부 새것으로 바꾸어 신을 옮겨 모시는 마쓰리이다. 이 제도는 약 1300년 전, 덴무(天武) 천황 때 시작하여, 지토(持統) 천황 4년(690)에 제1회가 행해졌고, 헤이세이 25년(2013)에 제62회의 천궁이 행해졌다. 내궁, 외궁의 정전(正殿)을 비롯하여 14곳의 별궁, 우지바시(宇治橋)도 새로 만들어지는 식년천궁은 '황가 제일의 중대사, 신궁 제일의 큰 행사'라고 일컬어지는 일본 최대, 최고의 마쓰리이다.

5. 신사 제사 — 일본의 3대 마쓰리

우리가 흔히 생각하는 수레나 가마를 들고 화려한 퍼레이드를 펼치는 마쓰리는 신사 제사에 속한다. 마쓰리의 과거를 거슬러 올라가 보면 많은 불행이나 원령(怨靈)에 도달하게 되는데, 이 장에서는 많은 신사 제사 중에서도 일본 3대 마쓰리라 일컬어지는 교토(京都)의 기온마쓰리(祇園祭), 도쿄(東京)의 간다마츠리(神田祭), 오사카(大阪)의 덴진마쓰리(天神祭り)에 관해서 살펴보자.

1) 기온마쓰리

비명(非命)에 죽은 자가 원령(怨靈)이 되어 어떤 특정한 사람 및 천재지변(天災地變)을 통하여 지벌을 내리는 것을 어령(御靈)이라 하고, 그것을 믿는 것을 어령신앙이라 한다. 신령이 지벌을 내리는 것은 예부터 있어 왔지만 사령(死靈)이 지벌을 내리는 것은 나라(奈良) 시대부터 시작된 듯하다. 헤이안(平安) 초기에는 사와라(早良) 친왕의 사령이 간무(桓武) 천황에게 지벌을 내렸다. 이것은 정치적 패자가 특정 개인에게 지벌을 내린 경우였다. 정관(貞觀) 5년(863)에는 사와라(早良) 친왕 이하 6명의 어령이 역병을 만연시켰다고 해서 신천원(神泉苑)에 서 어령회가 열렸다. 이것은 정치적 패배자가 정적(政敵)뿐만이 아니라 헤이안경 도읍의 민중에게도 지벌을 내린 것으로 어령회는 그것을 진정시키기 위한 국가적 의례였다. 헤이안 중기 이후 어령회는 사찰과 신사의 연중행사로 변해갔다. 그 결과 어령은 사령보다 역신(疫神)적인 성격이 강해졌고 어령 이외의 이름으로 불리게 되었다. 교토(京都)의 기온마쓰리(祇園祭)는 우두천왕(牛頭天王)을 제사지내는데 오래전부터 기온어령회라 불리며 역병퇴치를 목적으로 발생했다. 이 우두천황은 지벌을 내리기 쉬운 존재로, 스사노오노미코토(須佐之男命)와 습합되어 퍼졌으며 이러한 도시형 마쓰리는 원래의 어령회에 있었던 예능의 요소를 더욱 성대하고 화려하게 해서 발전하였다.

2) 간다마츠리

간다마츠리(神田祭)는 일본 도쿄(東京) 지요다구(千代田區) 간다(神田) 지역에서 매년 5월 15일경에 열리는 민속 축제로, 에도막부(江戸幕府)의 초대 쇼군(將軍, 장군)인 도쿠가와 이에야스(德川家康)가 1603년 세키가하라 전투(関が原の戦い)에서 승리한 것을 기념해 개최한 축제에서 비롯되었다. 에도시대에는 다시(山車)가 메인이었는데, 메이지 시대에는 불경기와 전선 때문에 다시(山車)가 행렬을 할 수 없게 되어, 다이쇼(大正) 시대에 들어 미코시(神輿)로 행진을 하게 되었다.

간다마츠리는 간다묘진신사(神田明神神社)를 중심으로 개최되는

5月 11日(木) 午後7時	鳳輦神輿遷座祭
5月 12日(金) 夕刻	氏子町会神輿神霊入れ
5月 13日(土) 終日	神幸祭(神田、日本橋、大手・丸の内、秋葉原巡行)
5月 13日(土) 午後3時	附け祭
5月 13日(土) 午後4時半	神輿宮入
5月 14日(日) 終日	神輿宮入

데, 미코시(神輿) 행진이 유명하다. 이는 3백여 명의 사람들이 미코시를 지고, 간다(神田), 니혼바시(日本橋), 오테마치(大手町), 마루노우치(丸の内) 등 도쿄 중심부 지역을 가로질러 행진하는 의식이다. 자치회와 기업, 상인회 등에서 준비한 작은 미코시 100여 개의 뒤를 이어 말을 탄 승려와 신도들이 '간다바야시'(神田囃し, 흥을 돋우기 위해서 피리, 북, 장구 등으로 반주하는 음악)에 맞춰 진행하는 행렬은 장관을 이룬다.

3) 덴진마쓰리

오사카의 덴진마쓰리의 무대인 오사카텐만구(大阪天満宮)에는 스가와라노미치자네(菅原道眞)가 모셔져 있다. 스가와라노 미치자네(菅原道眞, 845-903)는 헤이안 시대를 대표하는 관인(官人)·한학자(漢學者)·한시인(漢詩人)·가인(歌人)이었다. 스가와라노고레요시(菅原是善)의 셋째 아들로, 문장박사(文章博士), 우대신(右大臣)을 거쳐, 창태(昌泰) 4년(901), 대재(大宰) 권수(權帥)로 좌천당하여, 대재부(大宰府)에서 귀양 생활을 하며 망향(望鄕)에 대한 그리움을 시로 남기며 실의에 빠진 채 생애를 마쳤다. 사후 천변지이(天変地異)가 다발했기에 조정에 지벌을 내렸다고 인식되어 덴만텐진(天満天神)으로서 신앙의 대상이 되었다.

오사카 덴만구(大阪天滿宮)는 미치자네가 901년 다자이후(太宰府)로 귀양가던 도중, 이곳에 원래 있었던 다이쇼군사(大将軍社)에 들러 귀로의 안전을 빌었고, 949년 이 신사 앞에 하룻밤 만에 소나무 일곱 그루가 자라는 기이한 현상이 일어났다. 당시의 무라카미(村上) 천황은 이것은 미치자네가 한 것으로 이곳에 신사를 짓도록 명하였다는 것이 그 기원이다.

기온마쓰리가 야마호코(山鉾) 순행이라고 한다면, 덴진마쓰리는 신령(神靈)을 배에 태워서 오오카와(大川)를 가는 후나토교(船渡御)로 유명하다. 951년부터 가미호코(神鉾)를 강에 흘려보내서 멈춘 곳에 미타비쇼(御旅所, 신령이 휴식하는 곳) 제사 장소로 하고 미소기(禊)를 행하는 호코나가시신사(鉾流神事)가 행해졌다고 한다. 그때 사람들이 배를 타고 맞이했는데 이것이 후나토교(船渡御)의 기원이 되었다고 한다.

매년, 요이미야(宵宮)가 7월 24일, 모토미야(本宮)가 다음날 7월 25일로 정해져 있는데, 25일에는 미코시(御輿)가 행렬을 하는 리쿠도교(陸渡御)와 배들이 행렬하는 후나토교(船渡御)가 거행된다. 미코시나 배에는 스가와라노미치자네의 신령이 타고 있으며, 신령이 그 지역을 돌며 보고, 신령에게 더욱 큰 번영을 기원하는 행위이다. 10세기 교토에서 어령회(御靈会)가 행해졌을 때, 미코시(神輿) 2기(基)였다는 고사(故事)를 모방해서, 덴진마쓰리에서도 오토리미코시(鳳神輿)와 다마미코시(玉神輿)가 등장한다. 이외에 봉납불꽃놀이(奉納花火), 덴진사이 걸미코시 등이 유명하다.

6. 가정 제사

예부터 일본인은 집안에서도 신을 모셔왔다. 정월에 맞이하는 도시가미(歲神)를 비롯하여, 부엌에서는 조신(竈神), 우물에서는 우물신(井戶神) 등 다양한 신을 모셔서 생활을 지켜주는 신에게 감사의 마음을 드러냈다. 근세시대(16세기경) 이후에는 이세신궁(伊勢神宮)의 부적인 신찰(神札, 신궁대마神宮大麻라고도 함)과 우지가미(氏神)의 신찰 혹은 특별하게 숭경하는 신사가 있으면 그 신찰을 가미다나(神棚)를 설치하여 모시는 것이 일반적이 되었다. 집 안에서 신을 모시는 장소가 가미다나(神棚)이며, 가미다나는 일반적인 공간과 신성하고 고위한 공간을 구별한다. 가미다나를 설치하는 집안에서도 가족이 모이는 청정한 곳을 선택한다. 일반적으로 밝고 조용하며 높은 곳, 남향, 혹은 동향으로 설치하는 것이 좋다고 하며, 다다미방의 객실에 설치하는 경우가 많다.

신찰을 넣어 보관하는 용기를 미야가타(宮形)라고 하는데 그 형태나 크기는 다양하여, 모시는 장소(가미다나의 폭, 높이 등)를 고려하여 적당한 것을 고른다.

신찰을 배열하는 순서는 중앙이 가장 높은 것으로 하고 다음이 오른쪽, 그 다음에 왼쪽에 배치시킨다.

삼사구조(三社作り)의 미야가타의 경우, 중앙에는 일본의 총우지가미(氏神)인 이세신궁의 신찰, 오른쪽 그 지역의 우지가미, 왼쪽에 숭경하는 신사의 신찰을 배치한다. 그리고 그 외 신사를 참배했을 때 받은 신찰은 왼쪽에 배치한 신찰 뒤쪽에 포개어 세운다. 한편, 일사구조(一社造り)의 미야가타인 경우는 이세신궁의 신찰을 맨 앞에, 그

리고 그 뒤에 우지가미, 숭경하는 신사의 신찰을 겹쳐서 놓는다. 신찰 수가 많아져서 미야가타에 집어넣을 수 없을 정도가 되거나 미야가타에 넣을 수 없을 정도로 신찰이 큰 경우는 미야가타 옆에 정중하게 배치시킨다.

연말에 대청소를 하며 신년을 맞이하게 되는데, 이때 가미다나도 깨끗이 청소를 하고 새로운 신찰을 배치하여 신년을 맞는다. 일 년간 보살펴 줌에 대한 감사를 드리고 신찰을 받았던 신사에 반납하여 태우게 하고 새로운 신찰을 받아서 모시게 된다.

7. 결론

지금까지 일본의 전통 마쓰리에 대해서 소개를 하였지만 대부분이 신사(神事) 계통의 것으로, 이외에 습속(習俗) 계통, 이벤트 계통의 마쓰리를 포함시키면 연간 수십만 건의 마쓰리가 행해지고 있다. 그 종류와 수적인 면에서 보면 다른 나라와 비교할 수 없을 정도이다. 특히 신사(神事) 계통의 마쓰리의 종교적 베이스가 되고 있는 신토(神道)사상은 모든 것에는 신이 깃들어 있다고 하는 자연숭배(애니미즘)를 기반으로 하고 있다. 마쓰리의 행위에는 감사의 마음, 상부상조, 자연에 대한 경외심 등 현대인이 자칫 상실하기 쉬운 덕목들이 동반된다.

지역 내의 도시화, 소자화에 따른 전통 마쓰리 계승자의 감소나 지방 마쓰리의 쇠퇴가 현저한 작금의 상황을 고려해 볼 때, 온고지신(溫故知新)의 뜻을 새겨, 마쓰리의 기원과 덕목을 체현함과 동시에 지역의 발전과 활성화에 기여할 수 있는 진정한 축제로서의 마쓰리가 모색되어야 할 것이다.

1 정식으로는 '국민의 축일에 관한 법률'(1948년 법률 제178호) 제2조에서 '국민의 축일'로 정해졌으며, 연간 16일의 공휴일이 된다.

한국 축제의 만화경(萬華鏡)
— 이청준의 〈축제〉를 중심으로*

이경재

1. 호모 페스티부스(Homo Festivus)

호모 페스티부스(Homo Festivus)라는 말이 있을 정도로 인간에게 축제는 필수적이다.[1] 그럼에도 한국근대소설에서 축제를 정면에서 다룬 작품을 찾는 것은 여간 어려운 일이 아니다. 이것은 시대와의 밀접한 연관 속에서 창작되는 소설이라는 장르의 본질적 특성을 생각할 때, 한국의 근대사가 축제와는 거리가 멀었던 고난의 시기였음을 증명하는 것이라고 할 수 있다. 식민지, 분단, 전쟁, 산업화, 민주화로 이어지는 격동의 시대를 살아오며 한국인들은 축제보다는 생존과 투쟁에 더욱 골몰했던 것이다. 이를 반영하여 소설도 분단문제나 노동문제와 같은 거대담론에 천착해왔다. 이러한 상황에서 이청

---

* 이 글은 「어문학」 145집(2019. 9)에 게재된 필자의 논문을 본서의 취지에 맞도록 수정·보완한 것입니다.

준의 〈축제〉는 축제의 보편성과 축제의 한국적 특수성을 파헤친 특별한 작품이다. 이 글은 이청준의 〈축제〉에 나타난 축제의 다양한 성격을 인물이나 갈등과 같은 서사적 측면에서 면밀하게 살펴보고자 한다. 특히 이 작품의 중심인물인 준섭과 용순 그리고 노인에 초점을 맞추어볼 것이다.

이청준의 〈축제〉는 임권택 감독의 영화 〈축제〉와 동반 창작되었다는 특이한 이력 때문에 영화와의 관련성 속에서 집중적인 논의가 이루어졌다. 김경수는 소설과 영화의 동시 창작이라는 특수성으로 인해 소설 〈축제〉가 메타소설의 일반적인 특징 위에 "영화에 대한 하나의 간섭 내지는 의견 표출까지를 담당"하는 "메타픽션적 영화소설"[2]이 되었다고 주장한다. 표정옥은 〈축제〉를 포함한 이청준의 작품이 영상화되는 과정에서 "신화적 기호작용"[3]이 일어난다고 보고 있다. 이채원은 소설 〈축제〉가 강한 자기반영성을 드러내고 있으며, '메타픽션', '자의식적 소설', '비평소설'로서의 면모를 두드러지게 보여"[4]준다고 설명한다. 이현석은 이청준 소설과 그 영화적 변용 관계를 분석하면서, 이청준의 고유한 소설적 특징이 영화화되는 방식을 집중적으로 고찰하였다.[5] 용석원은 동일한 이야기를 가진 소설과 영화가, 매체의 특질과 담론적 자질에 의해 서사 양상이 달라지는 양상을 살펴보았다.[6]

이외에도 생태학과 낭만성의 관점에서 〈축제〉를 살펴본 연구들이 있다. 우찬제는 이청준의 소설이 생태학적 전체성의 상실과 회복의 드라마와 관련되며, 그중에서도 〈축제〉는 "'기다리기'의 생태 윤리"[7]와 관련된다고 주장한다. 양윤의는 낭만주의적 주체가 타자와 조우하는 순간에 연결되는 작품으로 〈축제〉를 들고 있다.[8]

이 글에서 관심을 갖는 축제의 성격에 초점을 맞춘 논의는 최근에 올수록 활발하게 이루어지고 있다. 장윤수는 〈축제〉가 작가가 이전에 보여준 메타서사에서 한 걸음 나아가 작가와 그의 창작행위 자체를 모두 굿판 위에 올려놓는 공연(公演, performance)의 성격, 곧 제의로서의 글쓰기와 어머니와 가족들을 소재로 취하여 썼던 기존의 여러 작품들을 독자 관객들에게 재현하여 보여주는 상연(上演, presentation)의 성격을 동시에 지닌다고 주장한다. 나아가 이러한 "공연성 혹은 상연성은 죽음의 의식을 축제로 양식화하는 과정에 마당극과 같은 연희적 효과를 낳게 한다"[9]고 보고 있다. 양윤의도 "인물들과 사건들만이 축제를 구현하는 것이 아니다. 저 각각의 양식들도 서로 부대끼고 길항한다. 그리하여 축제의 자리에 참여하는 것이다."[10]라고 설명하며, 주로 그 소설 형식과 구조에 나타난 복합적인 성격에서 축제의 의미를 찾는다.[11]

최영자와 강준수는 모두 바흐친의 이론에 바탕하여 〈축제〉에 나타난 축제의 성격을 고찰하고 있다. 최영자는 "〈축제〉의 장례의식은 메니페아의 한 형식인 카니발적 장으로 변모하면서 새로운 텍스트 생산에 기여한다. 이구동성으로 이루어지는 다양한 사람들의 담화는 가족텍스트의 오류를 바로잡고 장례의식을 축제의 장으로 변모하게 한다. 이를 통해 어머니의 텍스트는 임종을 기점으로 다시 조명된다."[12]고 보고 있다. 강준수는 바흐친의 카니발 개념을 통해 이청준은 "노인의 죽음을 소재로 축제가 지니고 있는 본질적 특성을 제시"[13]해준다고 보았다. 축제에 재현된 카니발적 특성으로는 "신성성, 대립과 전복, 웃음, 그리고 통합"[14]을 들고 있다.

이청준의 〈축제〉는 장례절차를 수행하는 과정에서 기존의 권위

파괴, 갈등과 대립의 해소, 그리고 새로운 의미와 질서가 구현되고 있다는 점에서 미하일 바흐친(Mikhail Bakhtin)의 카니발리즘과 연계할 수 있는 요소가 분명하게 존재한다. 그러나 바흐친의 시각으로만 축제를 바라볼 경우에는 저항적 측면에만 초점을 맞추게 된다. 바흐친이 축제의 내재적 의미로 관심을 기울이는 것은 축제가 지니고 있는 전복적인 기능이기 때문이다. 축제 안에서는 사회적 계급의 서열이나 금기 사항, 사회적 규범이 해체된다는 것이다.15 주지하다시피 바흐친은 카니발이 가지는 사회적 갈등의 표현 기능과 상징적인 저항 기능을 강조하였다.16 바흐친은 축제에서 나타나는 전복의 의미를 "어떤 독단적 권위주의나 엄숙한 교조주의와 근본적으로 대립적이며, 인공적으로 다듬어지고 규격화된 관습적 체제의 오만한 관념적 틀을 부정하는 정신이 바로 축제 이미지의 본질"17이라고 설명한다.18

그러나 축제에 대한 다양한 이론들(플라톤, 뒤르켐, 반 제넵, 터너, 세크너, 리치 등)을 검토해보면 축제에서 반드시 저항적 성격만을 발견할 수 있는 것은 아니다. 바흐친이 주장한 카니발적 축제에서처럼 축제는 일상의 질서와 규범으로부터 벗어나 자유와 해방, 쾌락과 도취, 과잉과 엑스타시를 경험하는 '규범 파괴적인 과잉'이기도 하지만, 한편으로는 공동체 구성원의 친목과 단결 그리고 일체감과 통일성을 확인하고 강화하는 '기존 질서의 긍정적인 고양'으로 파악할 수도 있기 때문이다.19 각각은 카오스적 축제와 의례적 축제에 해당한다고 볼 수 있으며, 대표적인 예로는 카니발과 제의를 들 수 있다.20 제3의 입장은 두 가지 입장을 종합하여, 축제를 일종의 경계현상으로 파악하기도 한다. '기존 질서의 긍정적인 고양'으로 보는 입장과 '규범 파괴적인 과잉'으로 보는 두 가지 극단적인 입장을 종합하여, 축제를 '경계현상'으로 규정하는 것이다. 경계현상이란 일상에서 일탈로 넘어가고 일탈에서 다시 일상으로 들어오는 시공간적 넘나들기뿐만 아니라, 축제연행 중에 나타나는 유희성과 진지성, 자유와 질서의 넘나들기 현상을 지칭한다.[21]

주지하다시피 소설 〈축제〉는 망자를 위한 장례식이 실은 산 자를위한 축제가 된다는 것을 보여주는 작품이다. 달리 표현하자면, 장례는 가족의 소통과 통합을 가능케 하는 축제의 장이라는 주제의식을드러내는 것이다. 기본적으로 이 작품은 한국의 대표적인 의례인 전통 장례의식을 기본 토대로 해서 창작되었다.[22] 일부 연구자는 본래축제가 종교제의에서 유래되었기 때문에, 상례(喪禮)는 그 자체로 축제의 성격이 강하다고 주장하기도 한다.[23] 장례식을 배경으로 한 이청준의 〈축제〉 역시 의례적 축제와 카오스적 축제의 양 측면이 강하게 담겨 있을 수밖에 없는 것이다. 그럼에도 기존 연구가 지나치게카오스적 측면에만 초점을 맞춘 것은 문제가 아닐 수 없다. 3장에서는 카오스적 측면과 더불어 의례적 축제로서의 측면에도 관심을 기울이고, 나아가 두 가지 축제의 상반된 힘이 서로 갈등을 이루면서서사를 이끌어나가는 고유한 특성을 밝혀보고자 한다. 동시에 2장에서는 여러 가지 축제이론을 활용하여 그동안 간과되었던 〈축제〉에나타난 통과제의적 속성을, 4장에서는 준섭과 용순의 관계와 변모된용순의 모습을 통해 축제의 경계현상적 측면을 살펴볼 것이다. 이를통해 이청준의 〈축제〉에 나타난 축제의 복합적 성격을 보다 선명하게 드러내고자 한다.

2. 노인의 가사체험에 나타난 축제의 통과의례적 성격

이청준은 머리말에서 〈축제〉의 첫 번째 집필 동기로 "내 '어머니 이야기'의 결산편을 삼고 싶어서였다"[24]고 밝히고 있다. 그럼에도 그동안은 축제의 근원이라고 할 수 있는 준섭의 어머니, 즉 노인[25]에 대한 논의는 이루어지지 않았다.[26] 이 작품에서 어머니는 축제를 가능하게 하는 단순한 계기에 머무는 것이 아니라, 축제의 근본적인 의미를 형성하는 하나의 중핵이라고 볼 수 있는 여지가 충분하다.

아널드 반 제넵(Arnold Van-Gennep)은 통과의례라는 개념으로 축제를 설명한다. 급격한 변화의 순간에 비일상적인 의례 행위들이 일어나게 되는데, 바로 이 순간이 축제 형태를 띠게 되는 경우가 많다는 것이다.[27] 반 제넵에 따르면 이러한 의례들은 모두 형식면에서 3단계의 구조를 갖는다. 즉, 개인이 이전 단계로부터 분리되는 격리기(separation), 두 단계 사이에 걸쳐 있는 과도기(transition), 새로운 상태를 획득하는 통합기(incorporation)를 거친다는 것이다. 죽음은 고인에게 새로운 성격을 부여하는 마지막 통과의례라고 볼 수 있다.[28]

〈축제〉에서는 지극히 비일상적인 노인의 가사(假死)체험을 설정함으로써, 본래 상례가 지닌 과도기로서의 성격을 극대화하고 있다. 준섭의 어머니는 한번 죽은 것으로 인식돼 부고장까지 돌린 상황에서 다시 살아났다가 죽는다. 이로 인해 어머니는 보통의 상례에 내재된 과도기 외에도, 가사체험에 따른 과도기(가사체험과 진짜 죽음의 사이)를 다시 한번 겪는다. 이때 과도기는 빅터 터너(Victor Turner)가 말한 리미날리티와 커뮤니타스의 성격을 선명하게 보여준다. 빅터 터너는 "신성하고 종교적인 순간을 'Liminality 단계'라 칭하고 이러한 단계에 머물러 있는 사람들이나 그들이 모여 있는 상황이나 공간을 'Communitas'라고 부른다.29 과도기의 시공은 어느 것도 확실한 것이 없기 때문에 무한한 자유와 상상력을 충만하게 꽃피울 수 있는 기회이며, 모든 사람들은 평소 지위의 고하와 상관없이 평등하게 친구가 되어 혼연일체가 되는 경험을 할 수 있다.

실제로 가사체험에서 깨어나 진짜 죽음을 맞이하기까지 어머니의 삶은 여러 명의 발화 주체들에 의하여 다양하게 이야기된다. 터너는 커뮤니타스를 사람들 사이의 관계가 정형화되어 구조 지어진 체제와 대립되는 사회 상태로 정의했다.30

노인의 가사체험 단계에서 30여 년 동안 노인을 모시고 산 외동댁과 시누이들은 표면적으로 "갈등"(117)을 표출한다. 평소에 외동댁은 시누이들을 어려워했고, 시누이들은 외동댁에게 노인을 맡겨 놓았기에 "그 며느리 자식 앞에 늘 죄인일 수밖에 없었"(97)다. 그러나 이때만은 말 한 마디 한 마디에 서로 날카롭게 충돌한다. 이것은 비일상적인 리미날리티 단계에서는 비일상적인 단계로서 극도의 흥분이나 위험성, 일탈성 등을 허용한다는 것을 실감나게 한다. 그러나 끝내 이 갈등이 수습되고 노인에 대한 이야기가 펼쳐지는 것에서 알 수 있듯이, 여기서도 자유, 평등, 동료애, 동질성 등이 강한 힘으로 작동한다고 볼 수 있다. 그 은밀한 대화는 "노인의 친자식인 시누이와의 사이에 그만큼 허물이 없어진 증거"(105)이기도 한 것이다.

시누이와 외동댁이 주고받는 이야기는 노인에 대한 것들이다. 시누이는 노인이 6·25 당시 일갓댁 큰당숙을 집안에 숨겨둔 일을 말하고, 외동댁은 노인이 6·25 당시 태연하게 청년을 자신의 이불에 숨겨서 목숨을 살려주었던 일을 말한다. 앞의 이야기에는 "참말로 성정이 무서운 양반"(103)이라는 지적이, 뒤의 이야기에는 "감당하기 쉽지 않은 그 노인의 성품에 대한 은근한 하소연"(105)이 담겨 있다. 이후에도 시누이가 일제 시절 놋쇠 공출이 한창일 때 부엌살림을 하나도 내놓지 않은 이야기를 하고, 외동댁은 "온 동네 남정들이 눈을 감고 지나게 한 오연스런 일화"(106)를 이야기한다. 친자식이나 며느리 모두 노인의 지금 처지는 염두에 없이 자유롭게 말하는 이 방안은, 노인에 대한 "엉뚱한 성토장 꼴"(107)이 되어버린 것이다. 이곳의 대화는 노인과 거의 교류가 없었던 준섭의 아내가 "가만히 듣고만 있을 수 없"(107)을 정도로 심각하다. 그러나 이후에도 "지난날의 노인의 매정스러움을 증거해 보이려"(108)는 대화는 한동안 지속된다.[31]

그런데 흥미로운 것은 일방적으로 어머니만 공격과 비판의 대상이 되는 것은 아니라는 점이다. 어머니 역시도 이전에는 할 수 없던 핵심적인 공격과 비판을 산 자들에게 되돌려준다. 이제 진짜 죽음을 목전에 둔 노인이 할 수 있는 말은 제한될 수밖에 없지만, 그 공격과 비판의 무게는 결코 가볍지 않다. 그것은 다음과 같은 단 세 개의 문장뿐이다.

아재… 우리는 대충… 요기를 했소마는… 아재는 어쨌소… 아재도 오신 김에… 거기 앉은 자리에서 무얼 좀… 드시고… 놀다 가시지라…(87).

"아재… 그참에 또… 가실라고? 그라믄… 가셨다가… 또… 오시제이?(87).

내 비녀… 내 비녀 어디…(117).

앞의 두 문장은 자신을 찾아온 사람들을 배려하는 말로서, 시누이와 외동댁이 주고 받는 말과는 달리 이 노인이 얼마나 인정이 넘치는 인격자인지를 증명하기에 모자람이 없다. 특히 마지막으로 남긴 "내 비녀… 내 비녀 어디…"라는 말은 노인이 마지막으로 남긴 말, 즉 유언이라는 점에서 그 의미가 더욱 각별하다.

앞의 두 이야기는 노인이 결코 모질거나 억센 사람이 아니라 타인을 배려하는 삶이 몸에 밴 사람임을 증명한다. 세 번째는 노인이 그동안의 억울함을 토로한다는 비판적 의미가 있다. 노인은 부잣집의 만고명딸로 태어났으나 늙은 스님의 예언을 믿고 명을 늘리기 위해 고단한 집안 총각에게 시집을 온다. 노인은 신산스런 삶 속에 당신의 힘든 소명과 부끄러움을 잃지 않으려 평생동안 "피"(201)를 흘려온 것이다. 중년 시절의 어려움과 말년 치매증 때문에 노인은 조신하고 고왔던 본래 모습을 잃어버린다. 그 비녀는 노인이 유복한 친정집에서 가져온 유일한 혼수로서 오랜 세월 동안 소중하게 간직해 오던 것이다. "비녀는 노인에게 한마디로 자존심의 표상물"(222)이며, 그녀의 존엄성을 상징한다고 해도 과언이 아니다.

그러나 노인이 80대에 접어들어 정신력과 기억력이 흐려지는 것과 더불어 비녀에 때가 끼고 상처가 앉기 시작한다. 비녀에 자주 때가 끼고 상처가 앉기 시작하면서부터는 노인의 비녀가 사라지고 뒷머리가 풀어져 얼크러지는 일까지 빈번해졌다. 그럴수록 노인은 더욱 비녀와 뒷낭자머리에 집착한다. 노인에게는 그 비녀가 "마지막 여자로서의 품위와 자존심을 되찾아 지키려는 마음의 빗장"(219)이었던 것이다. 하지만 외동댁은 그런 노인을 이해하지 못했고 이해하려고 하지도 않았다. 결국 외동댁은 노인의 머리를 늙은 영감모양 짧게 깎고는 비녀는 엿을 바꾸어 먹었다고 거짓말을 했던 것이다. 그 비녀가 뒤쪽머리와 함께 잘려나간 것은 "노인의 자존심이 잘려 나간 것일 뿐만 아니라, 그 부끄러움을 가두고 견디려는 마음의 빗장까지 통째로 뽑혀 나가 버린 격"(223)이다. 나아가 준섭은 비녀를 상실한 것이야말로 "깜깜한 망각과 침묵, 그 자기 해제의 허망스런 치매증"(223)까지 불러온 원인으로 보고 있다. 따라서 비녀를 찾는 노인의 모습은 반항이나 저항의 성격을 지닌다고 할 수 있다.

죽음은 본래 마지막 통과의례라고 할 수 있으며, 상례는 이승과 저승 사이의 과도기적 단계로서 비일상적인 의례 행위들을 폭증시키는 축제의 성격을 지닌다. 이청준의 〈축제〉는 극히 드문 가사체험을 설정함으로써, 통과의례로서의 과도기를 또 하나 설정하였다. 이것은 '축제 안의 축제'로서, 축제가 지닌 통과의례의 성격을 더욱 강화한다. 이러한 과도기는 빅터 터너가 말한 리미날리티와 커뮤니타스의 성격을 선명하게 보여주며, 자유와 평등을 가능케 하는 시공으로서 기능한다고 볼 수 있다.

3. 축제에 내재된 상반된 지향의 갈등 양상

1) 준섭을 통해 드러난 축제의 질서 유지적 성격

노인의 유일한 아들이자 작품 내에서 초점화자의 역할을 맡고 있는 준섭이 이번 상을 대하는 기본적인 마음은 유교적인 것이다. 준섭은 일관되게 유교적 예법에 따라 조용하고 경건하게 장례 절차를 밟아 나가고 싶어 한다. 준섭이 생각하는 축제의 의미는 다음과 같이 전통적인 유교적 세계관에 깊이 뿌리 박고 있다.

우리 전통의 유교적 세계관에서는 제사를 지낼 때 보듯이 우리 조상들이 신으로 숭앙받고 대접을 받는다. 우리 조상들은 죽어서 가족신이 되는 것이다. 그처럼 우리가 말하는 유교적 개념의 효라는 것은 조상이 살아 있을 때는 생활의 계율을 이루고, 조상이 죽어서는 종교적 차원의 의식 규범을 이룬다. 제사라는 것은 그러니까 죽어 신이 되어간 조상들에 대한 종교적 효의 형식인 셈이고, 장례식은 그 현세적 공경의 대상이었던 조상을 종교적 신앙의 대상으로 섬기는 유교적 방식의 이전의식, 즉 등신의식인 셈이다. 그러니 그것이 얼마나 뜻깊고 엄숙한 일이냐, 죽어 신이 되어 가는 망자에게나 뒷사람들에게나 가히 큰 기쁨이 될 수도 있을 만한 일이다…(271).

임 감독에게 보내는 첫 번째 편지에서도, 이 책의 집필 동기로 "이 세상의 모든 치매증 노인들과 그 자식들을 위해, 당신들을 모시는 옳은 도리를 함께 배우고 찾아보자"(32)는 감독의 말을 들고 있다. 두 번째 편지에서도 자신의 소설과 동시 창작되고 있는 "영화의 주제가 어차피 '이 시대의 효(孝)'가 되어야 한다는 데에는 저도 감독님의 생각에 이견이 없습니다"(36)라는 고백으로 이어진다.

효를 가장 기본적인 원리로 하는 유교적 세계관에서 일탈과 과잉을 핵심으로 하는 카오스로서의 축제는 극히 꺼려야 할 대상이다. 임 감독에게 보내는 두 번째 편지에서 영화의 주제와 축제의 제목이 서로 어울리지 않는다고 걱정하는 대목에서는, 일탈로서의 축제에 대한 분명한 거부감이 나타나 있다.

> 하지만 영화의 제목으로 '축제'를 생각하고 계시다는 데에는 우선 의문과 의구심이 앞섭니다. (중략)

> 감독님의 흉중을 아직 다 헤아리지 못한 탓이겠지만, 저로선 무엇보다 사람의 죽음과 장례의 마당을 배경으로 이 시대의 효의 본질과 모습을 찾아보자는 이 영화의 주제가 어떻게 그 축제의 의미와 연결지어질 수 있을지 쉽게 이해가 안 갑니다(36).

수백 년 동안 성리학의 영향력 아래 살아온 한국인들에게 놀이는 가능하면 피해야 하는 부정적인 것으로 간주되었다. 소위 선비정신이나 양반 개념, 점잖음의 예찬, 지나친 교육열, 성공지향적 인간관 등이 조선 시대에 본격적으로 도입된 성리학에 의해 학문적으로 고취되었고, 보다 차원 높은 인간적 가치를 실현하는 것으로까지 간주되었던 것이다.[32] 준섭이 노인의 상을 대하는 태도는 이러한 성리학적 세계관의 엄숙한 관점에서 크게 벗어나 있지 않다.

준섭은 노인의 집에 가는 길에서부터 자신이 이번 상례를 법도에 맞게 조용히 치를 생각임을 분명히 제시한다. 딸인 은지에게 준섭은 "우리 곁을 마지막 떠나가시는 분이 우리와 함께 살아오신 지난날의 일들을 뒤에 남은 사람들이 함께 되돌아보고 그리워하며 정성스런 마음으로 그분의 편안한 저승길을 빌어 드리는 일이 장례의 참뜻이다"(57)라고 말하는 것이다. 준섭은 상주인 원일과 청일에게도 자신이 노인의 장례를 대하는 기본 태도는 "형식보다는 마음과 정성을 다해 모시려는 것"(125)이라고 엄숙하게 선언한다. 그리고 이러한 당부는 작품 속에서 "여러 번 말한"(125) 것으로 강조된다.

이후의 논의에서 자세히 살펴보겠지만, 정성으로 충만하면서도 조용한 장례를 치르려는 준섭의 계획은 수시로 방해받는다. 그럼에도 준섭이 끝내 포기하지 않는 것은 노인에 대한 효라는 전통적인 관념이다. 준섭이 온갖 난장과 일탈을 받아들이면서도, 끝내 받아들일 수 없는 것은 노인의 자식들 사이에서까지 "이것저것 노인의 일이 함부로 짓씹혀대기 시작한 것"(255)이다. 준섭은 노인의 젊었을 적 모진 성품에 대한 전날 밤의 성토에 이어 이루어지는 "말년의 치매기에 대한 원정이자 거리낌없는 허물"(255)을 못 견뎌 한다.33 그것은 일종의 "허물털이, 아니면 허물 묻어 보내기"(256)라고 할 수 있는 것인데34, 준섭은 그것에 동참하지 못한다. 준섭은 "그 노인의 괴로운 치매증과 긴 침묵의 치매기를 허물할 수가 없었"(256)던 것이다. 오히려 치매에 든 노인을 제대로 돌보기는커녕 오히려 놀리고 장난치는 일을 반복하여, 노인의 치매증을 더욱 심하게 만든 주변 사람들을 비판적으로 바라본다.

이러한 허물 털기의 반대편에 놓인 것이, 이제 막 출간되어 노인의 영전에 놓인 동화『할미꽃은 봄을 세는 술래란다』이다.『할미꽃은 봄을 세는 술래란다』는 준섭의 마음가짐과 딸아이를 비롯한 주변 사람들에 대한 소망을 담고 있는 동화이다. 이것은 남겨진 자들의 "도리와 행복한 삶을 위"(121)해 쓰인 것이다. 이 동화에서 노인은 자신의 삶을 온전히 자식들을 위해 희생했으며, 자식들은 그러한 삶에 대한 감사와 존경을 돌려 드려야만 하는 것으로 그려진다. 이 동화책에 담긴 메시지는 준섭에게 절대적인 의미를 지니는데, 그것은 준섭이 관 위에 흙을 얹을 때 노인의 이야기를 쓴 동화책까지 함께 한 권을 얹어 드린 것에서도 확인할 수 있다.

이 논문의 기본적인 문제의식 중의 하나는 이청준의 〈축제〉에 나타난 축제의 성격을 해명하는 기존 논의가 지나치게 축제의 저항적-일탈적인 측면에만 초점을 맞추었다는 것을 비판하는 것이다. 기존 논의가 축제의 저항적인 측면에만 초점을 맞춘 이유는 작품의 초점 화자로서 의미 전달의 가장 중요한 역할을 하는 준섭에 대한 관심이 상대적으로 소홀했기 때문이라고 판단된다. 일관되게 노인의 장례를 기존의 유교적 질서라는 측면에서 치르려고 하는 준섭에 초점을 맞춘다면, 이청준의 〈축제〉에는 일체감과 통일성을 중시하는 기존 질서의 유지라는 축제의 또 다른 속성이 강하게 드러나 있음을 확인할 수 있다.

2) 용순을 중심으로 드러난 축제의 규범 파괴적 성격

앞 절에서 살펴본 준섭의 바람, 즉 예법에 맞게 조용한 장례를 치르려는 계획은 쉽게 지켜지지 않는다. 축제에는 기본적으로 일탈적인 요소가 존재할 수밖에 없기 때문이다. 리처드 셰크너(Richard Schechner)는 축제가 특정한 시공간에서 비교적 많은 사람들이 많은 것을 표현하고, 이해하고, 공감하고, 또 즐거워하고, 더 나아가서 일종의 판타지와 일탈 또는 카타르시스를 경험할 수 있게 한다는 점에서 연행의 대표적인 방식이라고 주장한다.35 축제에서는 흔히 비일상적인 전도현상이 발견되는 것이다. 축제를 일상생활의 '단절', 즉 하나의 의례적인 상황으로 간주할 경우에, 축제는 초자연적인 존재에 대한 의식이 치러지는 신성하고 종교적인 순간과 장소가 된다.36 이러한 축제의 성격은 한국 축제에도 그대로 적용된다. 이상일은 한국의 축제도 "신화적 창조적 카오스에의 회귀와 난장-orgia의 조성"37에 해당한다고 말하였다.38

이청준의 〈축제〉에서 이러한 특성이 가장 잘 나타나는 것은 6장 '사랑과 믿음의 문을 잃은 세월'과 7장 '바람 되고 구름 되고 눈비 되어 가시다'이다. 이 부분에서는 상례가 지닌 연행적 성격이 크게 부각된다. 특히 기자로서 장례식의 모든 일들을 시시콜콜 취재하는 장혜림의 존재로 인해 연행적 성격은 매우 강화된다. 용순과 형자, 그리고 외동댁이 말싸움 벌이는 것을 보며, 준섭이 "그것은 한집안 사람들 간의 대면치고는 더없이 요란하고 희한스런 무대를 꾸며 보여준 셈이었다. 그리고 그만큼 장혜림 기자에게는 흥미진진한 구경거리가 됐을 수밖에 없었다"(143)고 생각하는 것에서도 알 수 있듯이, 장혜림 기자로 인해 주요인물들의 언행은 '무대' 위에서의 행위가 되는 것이다.

축제의 통과의례적 성격을 드러내는 존재가 어머니이고, 축제의 질서유지적 속성을 보여주는 이가 준섭이라면, 축제의 반항적 속성을 가장 잘 보여주는 인물은 준섭의 서질녀(庶姪女) 용순이다. 용순은 그 존재 자체가 준섭 집안의 상징적 질서로 봉합되지 않는 상처로서의 실재(the real)에 해당한다. 용순은 준섭의 형이 외동댁이 아닌 다른 여자와의 사이에서 낳아 데려온 아이이다. 준섭의 형은 젊어서

돈을 벌겠다고 사업을 벌이지만 모두 실패하고 결국에는 폐인이 되었다가, 음독 자살을 했으며 용순은 그 비참한 현장에 홀로 남겨진 아이였던 것이다. 이후 용순은 외동댁의 슬하에서 자라지만, 외동댁의 친자식들과 끊임없는 갈등을 벌이다가 어린 나이에 가출한다. 이런 상황에서 용순을 품에 안아주고 돌봐준 존재가 바로 다름 아닌 노인이었던 것이다.

사실 용순은 준섭에게도 많은 불만을 가지고 있다. 어린 용순에게 준섭은 자신을 고단한 현실에서 벗어나게 해줄 유일한 존재였던 것이다. 그러나 노인과도 평생 함께 살기로 한 약속을 지키지 못한 준섭은 용순을 결코 구원해 줄 수 없었으며, 용순이 찾아와 요구한 사업 자금을 대주지 못한 이후에는 인연마저 끊겼던 것이다. 노인을 '마음과 정성을 다해 경건하게 모시려는' 준섭의 계획을 가장 적극적으로 반대하는 것도 용순이다. 용순은 다음처럼, 이번 장례는 준섭의 뜻에 따라 치러져서는 안 된다고 단호하게 말한다.

그리고 삼촌에게 꼭 다짐해둘 게 있어요. 할머니의 장례를 보기좋게 치르세요. 들으니 삼촌은 이번 할머니 일을 그럭저럭 마음하고 정성만으로만 치르고 넘어 가리로 했다면서요. 하지만 그건 삼촌 맘대로 안 돼요. 이번만은 제가 그냥 보고 넘어가지 않을 거예요 (178-179).

용순은 상가에 와서도 배다른 자매인 형자와 입씨름을 벌인다. 준섭을 비꼬고 조롱하는 것은 물론이고, "이중인격자, 탄복할 위선자"(177)라고 부르기도 한다. 용순은 윷판이나 술판 가리지 않고 함부로 기웃거리고 다니는 바람에 집안 사람들의 심사를 어지럽게 하고, 소리꾼 최영감에게 술을 과하게 먹여 그를 인사불성에 빠뜨린다. 용순은 서울에서 문상 온 준섭의 친구들과 어울려 노래방에 가기도 한다.

축제는 인간의 기본적 속성의 흐름을 차단하는 것에 대한 부정에서 시작한다고 볼 수 있다. 기득권적 권력, 불평등적 모순, 억압과 갈등, 어두움과 희미함을 걷어내고자 하는 것이 축제이다. 그래서 축제 속에서 인간은 끊임없이 파괴하고자 하며 스스로 모든 세속적인 허울과 위선을 벗어던지고자 한다. 이것이 가장 직접적으로 드러나는 현상이 모든 세속적 허상을 감출 수 있는 가면을 쓰거나 변장을 하고 온몸에 그림을 그리는 것이다.39 용순이야말로 상가에서 이러한 축제의 성격을 온몸으로 구현한 존재이다. 용순은 처음 상가에 나타날 때부터 "상가를 찾아온 사람 같지 않게 화려한 옷차림새에다 짙은 입술 화장, 색안경까지 눈에 걸친 요란한 행장"(136)을 하고 있다. 이러한 용순의 외모야말로 축제에서 흔히 나타나는 규범 파괴적인 가면과 변장에 해당하는 것이다.

이것은 상복을 입을 때도 마찬가지이다. 준섭은 노인의 수의도 장의사의 권유에도 불구하고 "그 색이 고운 공단천 모자나 원삼치장을 마다하고 당신 생시 적에 가까운 것으로 명주 모자 두루마기 차림으로 성복을 끝내"(194)고, 그 연장선상에서 자손들의 상복도 간단하게 차려입게 한다. 이에 반해 용순은 자신의 차 안에서 직접 마련해 온 상복을 따로 차려입고 나선다. "그것은 장의사 물건하고는 질이나 맵시가 완연히 다른 물고운 순백색 옥양목 옷감에 저고리나 치마가 다 화사한 외출옷 마름"(195)이다. 축제를 대하는 준섭과 용순의 입장 차이는 이처럼 옷과 외양에도 확연한 차이를 만들어 내는 것이다.

축제의 질서유지적 속성을 대표하는 존재가 준섭이라면, 축제의 반항적 속성을 대표하는 인물은 용순이다. 이 작품의 핵심적인 갈등은 준섭과 용순 사이에서 일어나며, 이러한 갈등은 축제라는 관점에서 살펴보면 축제를 기존 질서의 고양이라는 측면에서 바라보는 입장과 축제를 기존 규범의 파괴로 바라보는 입장의 차이에서 발생한다고 할 수 있다. 이청준의 〈축제〉에서는 두 가지 축제에 내재된 상반된 지향이 벌이는 갈등이 작품의 핵심적인 추동력이 되고 있는 것이다.

4. 준섭과 용순의 관계를 통해 드러난 축제의 경계현상적 성격

준섭의 유교적 세계관에 바탕한 축제관과 용순으로 대표되는 일탈지향적 축제관은 〈축제〉의 가장 본질적인 갈등이라고 할 수 있다. 처음에는 노인의 장례에서 일상성과 진지성이 유지되지만, 그것은 점차 힘을 잃고 유희성과 무질서의 단계로 나아가고, 발인을 계기로 일상성이 다시 그 힘을 획득한다. 그러나 축제로서의 상례를 겪은 이후의 일상은 이전과는 그 성격이 달라진다.

처음 준섭은 주변 사람들의 번잡스런 참견에도 불구하고 "들은 듯 못 들은 듯 자신의 생각대로 조용히 일을 처결해 나"(194)간다. 그러나 이러한 준섭의 계획이 뜻대로 되지는 않는다. 차질이 빚어지거나 "말썽거리가 불쑥불쑥 불거져 나오곤 하였"(126)던 것이다. 장터

거리의 원일 이숙이 겹치기로 음식거리 장물을 보아오기도 하고, 부고장에 자식들의 이름이 빠지기도 하며, 집안의 노장들은 일일마다 뒷소리 아는 척을 해온다. 그리고 준비도 되지 않았는데 서울의 윤 사장과 강 원장, 시 쓰는 오명철 그리고 「문학시대」의 장혜림이 들이닥친다.

발인을 앞둔 마지막 밤은 축제의 일탈성이 절정에 이른 때라고 할 수 있다. 원일의 처가와 외갓댓 사람들이 연이어 들어서고, 윤 사장 일행이 들어서면서 축제의 혼란은 증폭되기 시작한다. 회진에서 돌아온 윤 사장패들은 모든 일이 도대체 제멋대로들이다. 그들은 아래채 사랑방과 마루청을 독차지한 채, 어지러운 행작과 소란을 그치지 않는다. 거기다 안채 아랫방에서는 김 군수와 함께 온 사람들이 아래채 쪽보다도 더 꾼들답게 조용조용 판을 일구고, 용순과 장혜림까지 여기저기 그 술취한 사내들 사이를 멋대로 기웃거리고 다닌다. 서울 출판사나 문학동네 친구들, 광주나 읍내 쪽 친구들, 외동댁이나 원일이 청일이들이 맡아 줄 원근의 지면이나 인척들 말고도, 예정에도 없이 불쑥 문을 들어서 오곤 하는 조문객들로 상가의 무질서와 혼란은 점점 심해진다. 이러한 과잉은 용순이 따라주는 술잔을 계속 받아먹다가 결국에는 인사불성이 되어 실려 간 소리꾼 최 영감의 장면에서 우스꽝스럽게 드러난다. 그리고 전문 소리꾼이 아닌 새말 아재가 소리를 하는 것은 위계와 경계가 무화되는 축제의 성격에 부합된다고 할 수 있다.

〈축제〉에서 두 번에 걸쳐 경을 지내는 것은 하나의 공연이라고 보아도 모자람이 없다. 새말의 노래하기 좋아하고 놀기 좋아하는 활양한 성격이 그대로 드러난 초경놀이는 상가에 온 모든 사람들이 참여하는 커다란 공연을 이룬다.⁴⁰ 또한 술판과 더불어 윷판도 축제로서의 성격을 더욱 북돋운다. 결국에는 태영과 동팔 사이에 험상궂은 소리들이 오가다가 훈수하던 동네 홀아비 추씨까지 엉겨붙는 몸싸움으로 발전한다. 동네 사람들끼리의 싸움임에도 "취흥이 낭자한 상갓집 일이 되어 그런지 누구 하나 그것을 말리려 드는 사람도 없"(252)다. 노인의 손주 사위패들이 뜯어먹어서 귀와 코만 성한 돼지머리의 그로테스크한 형상이야말로 규범 파괴적인 과잉으로서의 축제를 상징하는 적절한 기호라고 할 수 있다.

발인 전날 밤의 혼란 중에 준섭은 이제 그런 건 별로 괘념을 하거나 알은척 하려질 않으며, 노인을 조용히 정성스럽게 모시려던 생각은 단념한 지 오래라고 생각한다. 그러면서 "그럴 바엔 차라리 분위기라도 시끌벅쩍 질펀하게 어우러져 나가는 것이 더 좋을 듯싶기도 하였다. 그는 모든 것을 오히려 당연하고 흡족하고 고맙게 받아들이려 하였다"(253)며 그 난장에 억지로 순응하는 모습을 보여준다. 그러나 이후에도 "준섭의 그 창연하고 망연스런 심화를 아랑곳하려는 사람은 아무도 없었"(261)라는 말처럼 준섭은 그 난장을 받아들이지 못 한다.

두 번째 초경놀이는 발인 전날 밤에 연출되는 혼란의 절정 중에서도 절정이라고 할 수 있다. 주재자라고 할 수 있는 새말까지 술기가 잔뜩 취해 올라 "차츰 시간이 흐름에 따라 그 새말의 앞소리나 상여꾼들의 뒷소리까지 모두 궤도를 벗어 나"(262)간다. 나중에는 소리판이 "드디어 난장판"(262)으로 규정될 정도이다. 장례가 카오스로 치달을수록 준섭의 내적 고민도 절정으로 치달으며, 다음의 인용처럼 준섭은 자신이 쓴 동화책을 생각하며 그 난장을 외면하고자 한다.

준섭은 이제 차마 더 그걸 보고 있을 수가 없었다. 그가 노인을 보내 드리려던 모양새는 뭐래도 그런 것은 아니었다. 그는 차라리 이제 그 소리판을 외면한 채 노인의 영정 앞에 혼자 머리를 숙이고 돌아앉아 그 앞에 놓인 동화 속의 노인을 마음에 되새기기 시작했다(262).

그러나 용순은 노인의 영전에 양주 한 병을 구해와 올리고, 준섭이 올린 동화책을 구실 삼아 시비를 건다. 할머니의 그 절절한 사랑을 담고 있는 동화를 떠올리는 준섭이의 생각과 난장판이 된 상가의 분위기는 한데 어우러지는 것이다.

이러한 두 가지 충동의 갈등과 대립은 마지막 발인날에도 나타나지만,[41] 전날 밤과는 달리 일탈과 무질서보다는 규범과 일상성이 강한 힘을 발휘하기 시작한다. 이날은 전과는 확연히 다른 분위기이다. 이제 축제에서 빠져나오는 중이고, 준섭이 축제의 혼란으로부터 자신의 능력을 확보하는 날이라고 할 수 있다. 새말의 앞메김 소리도 "경박스럽던 간밤이나 아깟번과는 딴판"(280)이며, 초우제(初虞祭)를 지낸 이후에는 "모두들 음울하고 무거운 분위기를 걷어내고 전날과 같은 일상으로 돌아가고 있는 모습"(290)을 보여주는 것이다.

이와 관련해 달라진 용순의 모습에 주목할 필요가 있다. 리치(E. Leach)는 축제에 들어가는 사람은 본래의 세속적인 지위를 상실하고 의례적인 죽음을 맞이한다고 주장한다. 이렇게 죽어 있는 신성한 시간 동안 그는 다른 모든 이들과 진정한 우정과 평등성을 획득하고 일상의 모든 권리와 의무에서 벗어나게 된다는 것이다. 이 순간 시간의 흐름은 멈춰서고 개인은 무한한 자유를 얻는다. 그러나 이러한 순간은 영원히 지속되지 않으며, 곧 그는 현실적인 세상에서 다시 태어난다. 일상의 세속적인 삶으로 다시 돌아오는 것이다. 그러나 의례적인 상황으로 들어가기 전의 삶과 그 상황을 거쳐 나온 개인의 삶의 양태는 많은 차이를 갖는다. 기존 사회가 가지고 있던 모순과 문제점을 해결할 수 있는 실마리를 찾아낸 새로운 힘을 가진 존재가 되는 것이다.[42]

리치의 이러한 설명은 용순에게 그대로 들어맞는다. 용순은 장례에 참석하기 전에는 이 집안에 나타날 수도 없는 이방인의 처지였다. 그러나 노인의 죽음을 계기로 새롭게 나타나 이전과는 달리 자유분방한 모습을 보여준다. 그러나 초우제까지 지내서 사실상의 장례가 끝난 이후에는 한없이 양순한 모습을 보여준다. 용순은 영정에 올려진 준섭의 동화책을 보며 맹렬한 분노를 드러냈던 상중의 모습과는 달리, 그 동화책을 읽고 아이들에게 그 내용을 들려주기까지 하는 것이다. 이제 용순은 새로운 인간으로 탄생한 것이고, 그는 이 집안의 불화를 해소할 수 있는 힘을 새롭게 획득한 존재가 되었다고도 볼 수 있다.[43]

용순의 변모된 위상은 마지막에 혜림의 제안으로 용순을 포함한 모든 가족들이 가족 사진을 함께 찍는 것으로 구체화된다. 이러한 가족 간의 화해를 단순하게 용순이 준섭으로 대표되는 기존 가족에 순응하여 포섭된 것으로만 봐서는 안 된다. 혜림의 "선생님, 죄송하지만 그런 뜻에서 그 고아들의 사진을 한 짱 찍어가게 해주시겠어요?" (286)라는 말에서 알 수 있듯이, 이 모든 가족은 결국 고아가 됨으로써 하나의 공동체를 형성하기 때문이다. 이것은 준섭을 포함한 가족이 결국에는 모두 고아, 즉 용순이가 됨으로써 하나가 된 것이라고 이해할 수도 있다. 장례라는 축제의 신성한 시간을 거치며, "들개 같은 용순"(297)은 가족의 당당한 중심으로 새롭게 탄생한 것이다.

4장에서는 질서 유지로서의 축제를 대표하는 준섭과 일탈 지향으로서의 축제를 대표하는 용순의 관계를 중심으로 축제의 경계현상적 특징을 살펴보았다. 축제를 경계현상으로 바라보는 것은, 축제가 일탈과 일상, 유희성 진지성, 자유와 질서 등을 넘나들기 하는 현상을 말한다. 준섭과 용순과의 관계는 처음에 팽팽한 힘의 균형을 유지하다가 발인 전날에 이르러서는 용순이 더욱 큰 힘을 발휘하며, 이때 축제는 일탈 지향적 성격을 강하게 드러낸다. 그러나 발인 이후에는 준섭이 더 큰 힘을 가지며, 이때 축제는 질서 유지적 성격을 보여준다. 그러나 마지막 순간 용순은 단순하게 준섭의 영향권 아래 포섭된 존재라기보다는 축제를 통해 새로운 힘을 획득한 존재로 재탄생한 것이라고 볼 수 있다.

5. 결론

이청준의 〈축제〉는 장례를 배경으로 하여 축제의 보편성과 축제의 한국적 특수성을 다룬 작품이다. 그동안 이 작품에 나타난 축제의 성격은 주로 바흐친의 논의에 바탕하여 규범 파괴적이거나 카오스적인 측면에 초점이 맞추어져 왔다. 이러한 측면이 이청준의 〈축제〉에 드러나는 것은 사실이지만, 이 작품에는 이외에도 축제의 여러 가지 복합적인 성격이 동시에 드러난다. 이 논문에서는 다양한 이론가들의 축제론을 바탕으로 이청준의 〈축제〉에 나타난 축제의 통과의례적 성격, 질서유지적 성격, 규범파괴적 성격, 경계현상적 성격 등을 조명하고자 시도하였다.

2장에서는 그동안 거의 논의되지 않았던 준섭의 어머니, 즉 노인을 중심으로 축제의 통과의례적 성격을 논의해 보았다. 이 작품에서 어머니는 축제를 가능하게 하는 단순한 계기에 머무는 것이 아니라, 축제의 근본적인 의미를 형성하는 하나의 중핵이라고 볼 수 있다. 〈축제〉에서는 지극히 비일상적인 노인의 가사(假死)체험을 설정함으로써, 본래 상례가 지닌 과도기로서의 성격을 극대화하고 있다. 준섭의 어머니는 보통의 상례에 내재된 과도기 외에도, 가사체험에 따른 과도기(가사체험과 진짜 죽음의 사이)를 다시 한번 겪는다. 이것은 '축제 안의 축제'로서, 축제가 지닌 통과의례의 성격을 선명하게 보여준다고 할 수 있다.

3장에서는 축제에 내재된 상반된 지향, 즉 '기존 질서의 긍정적인 고양'이라는 지향과 '규범 파괴적인 과잉'이라는 지향이 서로 갈등하는 양상을 준섭과 용순을 중심으로 하여 살펴보았다. 선행 연구가 축제의 일탈적인 면을 주로 강조한 이유는 초점화자로서 의미 전달의 핵심적 역할을 하는 준섭에 대한 관심이 상대적으로 소홀했기 때문이다. 일관되게 노인의 장례를 유교적 질서라는 측면에서 치르려고 하는 준섭에 초점을 맞춘다면, 이청준의 〈축제〉에는 일체감과 통일성을 중시하는 기존 질서의 유지라는 축제의 또 다른 속성이 강하게 나타난다는 점을 확인할 수 있다.

4장에서는 준섭과 용순의 관계를 중심으로 축제의 경계현상적인 측면을 살펴보았다. 이 작품에서는 어느 한 명이 절대적인 힘을 갖지는 않는다. 두 가지 지향은 서로 대립 갈등하며 시기에 따라 그 힘의 균형이 변모하는 양상을 보여준다. 서로 다른 축제관으로 팽팽한 긴장을 유지하던 둘의 관계는 발인이 가까워질수록 용순이 더욱 큰 힘을 발휘하지만, 발인 이후에는 준섭이 더 큰 힘을 발휘한다. 이것은 〈축제〉가 상례라는 축제를 유희성과 진지성, 자유와 질서가 넘나드는 경계현상으로 다루었다는 것을 증명한다. 이러한 과정을 통해 용순은 새롭게 탄생하는데, 이 때의 용순은 이전의 이방인이 아닌 가족의 중심으로서 새로운 힘을 지닌 존재가 되었다고 할 수 있다. 이상의 논의에서 알 수 있듯이, 이청준의 〈축제〉는 축제를 다룬 작품이 극히 드문 한국문학사에서 축제가 지닌 복합적인 성격을 깊이 있게 성찰한 명작이다.

1 페스티부스는 라틴어 페스툼(festum) 또는 페스투스(festus)에서 유래되며 즐거운, 기쁜, 유쾌한 등의 의미를 지닌다(장영란, 『호모 페스티부스:영원한 삶의 축제』 [서광사, 2018], 10).

2 김경수, "메타픽션적 영화소설?", 『이청준 깊이 읽기』 (문학과지성사, 1999), 327.

3 표정옥, "이청준 소설의 영상화 과정의 생성원리로 작용하는 원형적 신화 상상력에 대한 연구", 「서강인문논총」 제25집 (2009), 265.

4 이채원, "이청준 소설에서의 자의식적 서술과 자기반영성: 축제(1996)를 중심으로", 「한국문학이론과 비평」 47집 (2010), 12.

5 이현석, "이청준 소설의 영화적 변용에 나타난 서사적 특성 연구", 「한국문학논총」 53집 (2009. 12), 339-375.

6 용석원, "매체 특질과 서사 구성요소의 선별에 따른 서사물의 의미 차이 ― 소설 『축제』와 영화 『축제』를 중심으로", 「영화와 문학치료」 5집 (2011. 2), 167-189.

7 우찬제, "생태학적 무의식과 생태 윤리 ― 이청준 소설의 경우", 「동아연구」 59집 (2010. 8), 187.

8 양윤의, "이청준 소설의 낭만성 연구 ― 병신과 머저리, 소문의 벽, 선학동 나그네, 축제를 중심으로", 「한국문예비평연구」 50집(2016. 6), 36-37.

9 장윤수, "축제의 글쓰기 제의와 연희적 성격", 「현대소설연구」 20집 (2003. 12), 58-59.

10 양윤의, 앞의 논문, 49.

11 전체 7개의 장으로 구성되어 있는 이청준의 <축제> 속에는 다양한 장르들이 공존한다. 간단하게 정리하면 다음과 같다. 1) 기본 서사: 죽음-임종-장례를 시간 순으로 따라가는 소설의 몸통이다. 2) 편지: 소설의 중간 중간, 하나의 장을 매듭지을 때마다 작가가 감독에게 보내는 편지글이 등장한다. 3) 이청준의 다른 소설, 동화, 잡문, 콩트: <기억여행>, <빗새 이야기>, <할미꽃은 봄을 세는 술래란다>, <눈길> 등. 4) 다른 필자의 글: 정진규의 <눈물>.

12 최영자, "메니페아 형식으로서의 텍스트 담론 연구 ― 최명희의 『혼불』, 이청준의 『축제』, 황석영의 『손님』을 중심으로", 「한중인문학연구」 54 (2017), 123. 이와 같은 입장은 "축제에서의 장례의식은 죽은 자의 산 자에 대한 의례에만 치중하고 있는 것이 아니라 메니페아의 한 형식인 카니발적 장으로 변모하면서 가족텍스트를 새로 쓰는 기회로 활용된다"(위의 논문, 148)는 진술에서도 확인할 수 있다.

13 강준수, "카니발적 특성으로 본 이청준의 『축제』 고찰", 「문학과 종교」, 24권 1호 (2019), 44.

14 위의 논문, 24.

15 이상룡, "'또 다른 세계'를 비추는 거울 - '축제'의 구성 원리와 그 변주", 『축제와 문화』(연세대학교 출판부, 2003), 65-66.

16 카니발은 기존의 질서로부터 인간을 해방시키는 기능을 했다. 카니발은 모든 위계적 서열, 위세, 규범, 금지의 중지를 의미하고, 모든 영원하고 완전한 것에 적대적이다. 바흐친이 말하는 카니발 형식이 공식적인 질서를 전복하고 넘어설 때, 사회적 상징은 의미를 상실하고 뒤죽박죽 엉켜버린다. 축제에서는 흔히 비일상적인 전도 현상이 발견된다. 축제를 일상생활의 단절, 즉 하나의 의례적인 상황으로 간주할 경우에 축제는 초자연적인 존재에 대한 의식이 치러지는 신성하고 종교적인 순간과 장소가 된다(류정아, 『축제이론』[커뮤니케이션북스, 2013], 70-72).

17 이상룡, 앞의 논문, 69-70.

18 축제를 이러한 시각에서 보는 것은 니체와 프로이트에게서도 발견할 수 있다. 니체가 말한 디오니소스적 상태는 단순히 고대 그리스 신화에서의 주신 디오니소스를 문학적으로 현재화하는 것이 아니라 합리적이고 이성적인 문명 상태에 대한 문명비판적이고도 사회철학적 의미를 지닌다. 그것은 다양한 형태의 지배와 소외가 사라진 새로운 사회를 암시한다. 이는 모든 위계 질서가 해체된 유토피아적 상태(지고한 공동체)와 연결된다(최문규, "'축제의 일상화'와 '일상의 축제화'", 『축제와 문화』[연세대학교 출판부, 2003], 126). 프로이트는 축제를 공정성과 즉흥성, 디오니소스적인 부정과 인간 본능을 억압하는 것의 폐기, 해방을 향한 문화라고 본다. 즉 그에게 있어서 축제는 통합과 질서의 유지라기보다는 금기의 위반, 과도함과 난장트기에 해당한다(류정아, 『축제인류학』[살림, 2003], 16).

19 플라톤이 제시한 그리스 종교 축제의 마지막 기능은 인간들이 축제를 통해 신들과 함께하며 삶의 영양분을 받고 삶을 재정립(epanorthntai)할 수 있다는 것이다(장영란, 앞의 책, 57). 뒤르켐도 축제를 "사회적 통합을 위해 기능하는 일종의 종교적 형태"(윤선자, "프랑스 대혁명기(1789-1799)의 민중축제와 엘리트축제에 관한 연구" [고려대 역사학과 박사 논문, 2001], 10)라고 규정한다. 즉 그에게 있어서 축제 개념은 제의(rite)와 동일하다. 류정아는 궁극적으로 축제란 결국 다시 현실로 회귀하려는 것을 목적으로 하고 있는 것이지, 현실을 뒤엎으려는 것은 아니라고 본다. 후자가 목적이라면 그것은 이미 축제를 넘어선 혁명이기 때문이다. 축제는 결국 기존의 사회질서, 즉 코스모스인 상황을 카오스적 상황을 통해서 역설적으로 강조하는 것이라는 입장이다(류정아, 『축제인류학』, 15-16).

20 표인주는 서구에서 축제를 크게 두 가지 방향에서 정의한다고 말한다. 하나는 축제는 제의와 같은 종교적인 행사라는 것이고, 다른 하나는 놀이와 같은 유희적 행사라는 것이다(표인주, 『축제민속학』[태학사, 2007], 18).

21 고영석, "축제의 이념과 한계", 『축제와 문화』, 142-144.

22 "예는 중국 고대사회의 근간이었고 이런 예 중에서도 기본이 상례(喪禮)였다.

상례는 삶과 죽음이 교차되는 곳에서 일어나는 가장 극적이고 엄숙한 것이라서 인간의 모든 문화적 사회적 결과물이 총동원되었다"(김홍열, "죽음", 『축제의 사회사』[한울, 2010], 147).

23 장영란, 앞의 책, 10. 표인주도 "혼례식 및 장례식은 가족 공동체적 질서를 회복하기 위해 진행된다는 점에서 축제적인 성격이 강하다"(표인주, 앞의 책, 22)고 주장한다.

24 이청준, 『축제』(열림원, 1996), 6. 앞으로 인용시 본문 중에 쪽수만 기록하기로 한다.

25 <축제>는 작가와 거의 동일시되는 준섭이 초점화자로 등장한다. 작가는 임감독에게 보낸 첫 번째 편지에서 "1인칭보다는 3인칭 시점의 객관적 진술 형식"(34)으로 어머니와 주변 일들을 최대한 객관적으로 쓰고자 한다고 밝히고 있다. 그 결과 이 작품에서 작가는 준섭으로, 어머니는 노인으로 호명된다.

26 어머니에 대하여 가장 깊이 있는 논의가 이루어진 글로는 김동식의 "삶과 죽음을 가로지르며, 소설과 영화를 넘나드는 축제의 발생학"을 들 수 있다. 김동식은 <축제>가 "어머니의 죽음을 다룬 작품이다"(김동식, "삶과 죽음을 가로지르며, 소설과 영화를 넘나드는 축제의 발생학", 『축제』[열림원, 2003], 271)라고 말한 후에, "장례식장의 중심에 놓여진 어머니의 시신은 인간의 자리(비녀)이며, 모성의 운명적인 표정(손사래짓)이며, 몸과 언어의 근원적인 해탈(치매)이며, 비어 있는 중심(침묵의 완성)이다. 어머니는 침묵으로 완성되는 텅 빈 중심이었다"(위의 논문, 271)라고 주장한다. 어머니에 대한 매우 정확하고 설득력 있는 논의라고 할 수 있다. 그러나 이 작품에서 어머니는 '침묵으로 완성되는 텅 빈 중심'만은 아니다. 어머니 역시 가사 체험과 진짜 죽음 사이의 발화를 통하여, 자신의 삶과 고통을 나름대로 증언하는 축제의 당당한 한 발화자이다.

27 류정아, 『축제이론』, xiv. 통과의례라는 개념은 본래 인류학에서 인간의 사회적 지위 변화를 설명할 때 주로 사용되는 개념이다. 반 제넵은 처음으로 이러한 통과의례라는 개념을 축제에 적용하였으며, 이를 통해 축제가 개인들의 단순한 여흥거리나 소일거리가 아니라 그들이 속해 있는 사회 규범을 반영한 문화 현상이라는 점을 학문적으로 해명하는 기반을 마련하였다(위의 책, 1).

28 위의 책, 7-10.

29 V. Turner, *The Ritual Process: Structure and Anti-Structure* (Chicago: Aldine, 1969).

30 리미날리티 단계는 일시적으로 끝나는 단계이며 동시에 압축적이고 비일상적인 상황이 표출되기 때문에 신성한 단계로 간주된다. 이때는 극도의 흥분이나 위험성, 일탈성 등이 용인된다. 커뮤니타스적인 상황에서 일어날 수 있는 현상으로 자유, 평등, 동료애, 동질성 등에 있다. 그들은 리미날 상태에 있으므로 사회적인 지위나 서열을 나타낼 만한 어떤 지위도 재산도, 어떤 표시도 드러내지 않는다. 더 이상 규범적이거나 위계적이거나 소원하지 않으며 오히려 아주 긴밀하고 평등한 것이 된다. 이런 상태가 커뮤니타스인 것이다(류정아, 『축제이론』, 39-43).

31 흥미로운 것은 보다 직접적으로 작가의 맨얼굴이 드러나는 임감독에게 보낸 편지에서는 노인에 대한 이야기를 "지난 시절 노인의 의연하고 담대했던 모습을

말씀드리려 하였습니다"(117)라고 하여서 그 모든 이야기들을 보다 아름답게 포장하려 한다는 것이다.

32 류정아, 『축제인류학』, 13.

33 이들은 치매에 걸린 노인이 집을 나가 사람들을 괴롭게 한 이야기, 쇠똥 칠갑을 했던 이야기, 담배 피우다 집을 다 태울 뻔했던 이야기, 풋감을 모두 따버린 이야기, 밤새 빨래하는 시늉을 해서 잠을 잘 수 없었던 이야기 등을 나눈다.

34 준섭도 "이제 노인의 침묵이 마지막 절정을 맞아 명부의 땅으로 떠나가려는 마당에 남은 사람들은 서로 그간의 허물을 털어 함께 묻어 보내고 그 갈등 속에 잃어버린 생자의 말을 다시 찾아 끊어진 관계들을 회복하려 하고 있는 것이었다"(259)고 하여 '허물털이'의 기능을 이해하지만, 그것을 받아들이지는 못한다.

35 류정아, 『축제이론』, 100. 셰크너는 민속학과 축제 연구에서 널리 활용되던 연행이론의 적용 범위를 연극적 스펙터클에까지 확장시켜 활용함으로써 축제 연구의 대상을 다양화하고 새로운 분석 방법을 시도한 것으로 평가받는다(위의 책, 95).

36 류정아, 『축제인류학』, 16.

37 이상일, 『축제의 정신』(성균대학교 출판부, 1998), 103. 무속 제의가 한국의 고대 신앙체계의 전승 형태라면 오늘날 남아 있는 마을굿거리나 향토축제의 <가무오신>, <뒷전거리> 그리고 무감(서기)같은 현상은 신화적 카오스를 추상하고 추체험하는 원초적 신앙공동체의 행위인 것이다. 축제를 통해 추체험하는 난장 orgia는 새로운 창조, 세속적 현실에서 잃어버렸던 생명력과 활성의 획득이라고 할 수 있다(표인주, 앞의 책, 104).

38 최문규는 축제의 특징으로 다섯 가지를 들고 있다. 그것은 일상과 대립한다는 것, 반드시 공동체와의 연관성 내에서만 이루어질 수 있고 사유될 수 있는 문화적 행위라는 점, 지적인 행위라기보다는 일종의 분위기가 절대적이라는 점, 예술성 혹은 인공성을 특징으로 한다는 점, 유희성을 지닌다는 것이다(최문규, 앞의 글, 115-119).

39 류정아, 『축제인류학』, 4. 에드먼드 리치(Edmund Leach)는 의례의 세 가지 특징으로 다음과 같은 것을 들고 있다. 첫째, 격식성(formality)이 증가하는 행위들이 존재한다. 사람들은 공식 유니폼을 착용한다. 둘째, 거짓 꾸밈(masquerade)이 나타난다. 가장무도회가 그 예다. 흥건한 술잔치 등이다. 일상생활의 공식적인 역할은 모두 잊히는 것이다. 셋째는 역할전도(role reversal)를 볼 수 있다. 남녀 역할의 전도, 왕과 거지, 주인과 하인 등과 복장도착, 신성보독, 불경죄 등이 자연스런 행위처럼 여겨진다(류정아, 『축제이론』, 30).

40 김경수는 전통적인 우리 굿판은 "엄격한 신성의 공간과 통제 불능의 세속 무대를 반복해서 오간다"(김경수, 앞의 논문, 330)면서 작품에서 소리를 담당하기로 한 노인이 술에 취해 역할을 못하고, 대역으로 시작된 초경놀이판이 흥겨운 춤판으로 변해가는 것 등을 "세속성의 한 국면"(위의 논문, 331)이라고 파악한다. 이 글에서는 반대로 초경놀이판을 세속성과는 구분되는 축제의 한 속성으로 파악하고자 한다.

41 제사시간이 다 되어가도록 축문을 읽어줄 노장들이 나타나지 않고, 상여를 메기로 한 서울패들도 나타나지 않는다. 제사가 시작될 무렵에는 술에 취해 떨어져 운신을 못하던 윗동네 소리꾼 최 영감이 숙취 상태로 나타나 자신이 인도해야 한다고 호들갑을 떤다. 그러나 곧 사람들이 나타나서 "그래저래 큰 차질 없이 그런대로 차분하고 숙연한 분위기 속에"(276) 진행되지만, 곧 노인의 영구가 상여꾼들에게 들려 움직이기 시작하면서 분위기는 급변한다. 외동댁과 수남 모가 오열을 터뜨리기 시작한 것이다. 특히 외동댁의 격한 곡소리를 들으면서는 "마음을 될수록 겸허하고 숙연하게 지내려던"(278) 준섭조차도 "심회가 더욱 참담하고 창연해져 간 것"(278)이다. 이로 인해 노제가 다 끝날 때까지 준섭의 "가슴이 식을 줄을 몰"(279)라서 목이 메이기까지 한다.

42 류정아, 『축제인류학』, 20.

43 그리스 종교제의와 축제는 가족의 유대를 형성하는 데 중요한 역할을 했다고 한다(장영란, 앞의 책, 74).

참고문헌

▪ 현대 사회의 호모 루덴스 _ 박소영

김규원. "축제의 비일상성과 색채의 역할." 『한국색채학회 학술대회』, 한국색채학회, 2005.

노명우. 『호모 루덴스, 놀이하는 인간을 꿈꾸다』. 사계절, 2015.

류정아. 『축제의 원칙』. 커뮤니케이션북스, 2012.

_____. 『축제와 융합 콘텐츠 전략』. 커뮤니케이션북스, 2015.

몸문화연구소. 『권태-지루함의 아나토미』. 자음과모음, 2013.

한경애. 『놀이의 달인, 호모 루덴스』. 그린비, 2007.

한국문화예술위원회. 『100년의 문학용어 사전』. 도서출판 아시아, 2008.

로제 카이와/이상률 역. 『놀이와 인간』. 문예출판사, 1994.

요한 호이징하/김윤수 역. 『호모 루덴스』. 까치글방, 1998.

▪ 카니발의 유래와 그 현대적 의미 _ 김태연

젠넵, A. 반. 저/전경수 역. 『通過儀禮』. 서울: 을유문화사, 1985.

빅터 터너 저/박근원 역. 『의례의 과정』. 서울: 한국심리치료연구소, 2005.

_____/ 이기우·김익두 역. 『제의에서 연극으로』. 서울: 현대미학사, 2011.

_____/ 강대훈 역. 『인간사회와 상징행위: 사회적 드라마, 구조, 커뮤니타스』. 서울: 황소걸음, 2018.

윤선자. 『축제의 문화사』. 서울: 한길사, 2008.

황루시. "현대의 공동체와 축제의 기능: 강릉단오제를 중심으로." 「구비문학연구」 제22집 (2006.6.30), 1-25.

Borgeaud, Phillip. "Feste/Feiern: Religionswissenschaftlich." Hans Dieter Betz etc. ed. *Religion in Geschichte und Gegenwart: F-H 3*. Tübingen: Mohr Siebeck, 2000.

Bräunlein, Peter J. "Victor Witter Turner (1920-1983)." Axel Michaels. ed. *Klassiker der Religionswissenschaft: Von Friedrich Schleiermacher bis Mircea*

Eliade. München: C. H. Beck, 2004.

_____. *Zur Aktualität von Victor W. Turner. Einleitung in sein Werk* Wiesbaden: VS Verlag, 2012.

Gennep, Arnold van/Monika B. Vizedom & Gabrielle L. Caffee. trans. *The Rites of Passage*. London & Henley: Routledge and Kegan Paul, 1960.

Gerlitz, Peter. "Fasten/Fasttage: Religionsgeschichtlich." Gerhard Krause & Gerhard Müller. ed. *Theologische Realenzyklopädie Bd. XI*. Berlin, New York: Walter de Gruyter, 1983.

Hahn, Hans Peter. "Mary Douglas: Symbolische Anthropologie und die Entdeckung der Konsumkultur." Stephan Moebius, Dirk Quadflieg. Hrsg. *Kultur, Theorien der Gegenwart*. Würzburg: VS Verlag, 2011.

Hall, Stuart George & Joseph H. Crehan. "Fasten/Fasttage III: Biblisch und kirchenhistorisch." Gerhard Krause & Gerhard Müller. ed. *Theologische Realenzyklopädie Bd. XI*. Berlin, New York: Walter de Gruyter, 1983.

Mezger, Werner. "Masken an Fastnacht, Fasching und Karneval Zur Geschichte und Funktion von Vermummung und Verkleidung während der närrischen Tage." Alfred Schäfer & Michael Wimmer. Hrsg. *Masken und Maskierungen*. Wiesbaden: Springer, 2000.

Rosenfeld, Hellmut. "Fastnacht und Karneval: Name, Geshichte, Wirklichkeit" *Archiv für Kulturgeschichte* 51(1969), 175-181.

Sanner. Hans-Ulrich. ""A Message about Life": Performance and Reflexivity in Hopi Indian Ritual Clowning." Axel Michaels et al. ed. *Ritual Dynamics and the Science of Ritual (IV)*. Wiesbaden: Harrassowitz Verlag, 2011.

Schomburg-Scherff, Sylvia M.. "Arnold van Gennep (1873-1957)." Axel Michaels. ed. *Klassiker der Religionswissenschaft: Von Friedrich Schleiermacher bis Mircea Eliade*. München: C. H. Beck, 2004.

Turner, Victor. *The Forest of Symbols: Aspects of Ndembu Ritual*. Ithaca and London: Cornell University Press, 1967.

Turner, Victor. "Liminal to Liminoid in Play, Flow and Ritual: An Essay in Comparative Symbology." *Rice University Studies* 60/3 (1974), 53-92.

[인터넷 자료]

배상복. "[우리말 바루기] '축제'는 일본식 한자어." 「중앙일보」 (2012년 5월 1일):
　　https://korean.joins.com/news/article/article.asp?total_id=8052894&ctg
　　=

유네스코 인류무형문화유산 독일 사이트
　　https://www.unesco.de/kultur-und-natur/immaterielles-kulturerbe/imm
　　aterielles-kulturerbe-deutschland/bundesweites-45 (2018년 10월 28일 확
　　인).

독일국제공영방송 도이체벨레에서 카니발을 소개하는 동영상:
　　https://www.dw.com/de/die-wahrheit-%C3%BCber-deutschland-karneval/a-5
　　246994

Michael Weier. "Fasten mit Starkbier: 'Die Menschen müssen bei Kräften bleiben.'"
　　Stuttgarter Nachrichten (2014. 03.07)
　　https://www.stuttgarter-nachrichten.de/inhalt.fasten-mit-starkbier-die-me
　　nschen-muessen-bei-kraeften-bleiben.a6fc34f3-601c-457e-883b-e3a30eb
　　57fad.html

▪ 독일의 맥주와 옥토버페스트 _ 남정애

강건희 외. "지역 경제 활성화를 위한 전통주 '막걸리 축제' 발전 방안 연구." 「문화산
　　업연구」 11/2 (한국문화산업학회, 2011), 201-217.

김미현 외. "한국 지역축제에 관한 연구경향 분석: 2002-2014년 사회과학분야 논문
　　을 중심으로." 「지방행정연구」 29/2 (한국지방행정연구원, 2015), 267-296.

무라카미 미쓰루/이현정 옮김. 『맥주, 문화를 품다』. RHK, 2012.

박숙진 외. "문화관광개발을 위한 독일의 이벤트 경영전략에 관한 연구 - 뮌헨
　　October-Fest의 사례를 중심으로." 「관광정책학연구」 7/2 (한국관광정책학
　　회, 2001), 21-47.

사지원. "지역축제의 세계화: 뮌헨의 옥토버 페스트." 「카프카연구」 12 (한국카프카
　　학회, 2005), 91-110.

임종대 외. 『독일이야기 Ⅰ』. 거름, 2000.

헤로도토스/박성식 옮김. 『이집트 기행』. 출판시대, 1998.

http://gutenberg.spiegel.de/buch/die-germania-137/23.

https://de.wikipedia.org/wiki/Oktoberfest#Umsatz_eines_Festzeltes.

▪ 프랑스 와인과 보졸레 누보 축제 _ 김기일

「월간와인」 5월호, 강남와인스쿨, 2011.

강건희 외. "지역 경제 활성화를 위한 전통주 '막걸리 축제' 발전 방안 연구." 「문화산
업연구」 11/2 (한국문화산업학회, 2011).

고재윤. "조르주 뒤뵈프의 보졸레 누보: 과일향 일품인 '보졸레 누보의 황제.'" 「매일
경제」 2015년 12월 14일. (https://www.mk.co.kr/opinion/columsts/view/
2015/12/1177083/, 2019. 9. 24.).

김미현 외, "한국 지역축제에 관한 연구경향 분석: 2002년-2014년 사회과학분 야
논문을 중심으로." 「지방행정연구」 29/2 (한국지방행정연구원, 2015).

보졸레 누보 와인 축제. "와인 제대로 즐기기." 「연합뉴스」 2015년 11월 20일
(https://m.yna.co.kr/view/IPT20151120003000365?page=6, 2019. 8. 14.).

심을식. "보르도 와인과 부르고뉴 와인의 대조적 특성." 「전남대학교 인문과학연구
소 용봉인문논총」 48집 (2016).

윤영지 외 공저. 『와인 에피스드』. 백산출판사, 2018.

이효진. "도시樂: 독일의 쾰른 카니발과 프랑스의 보졸레 누보 축제." 「도시문제」
49권 552호 (대한지방행정공제회, 2014. 11).

최재호. "프랑스 와인의 지역별 특성 연구(Bourgogne편)." 「프랑스학연구」 60호
(2012. 05.)

최정은·김민송. 『와인, 아름다운 기다림』. 북스캔, 2011.

헤로도토스/박성식 옮김. 『이집트 기행』. 출판시대, 1998.

Boulder Wine merchant. "Tour de vin-Week 2 tour de France." 2012년 6월 7일
(https://www.boulderwine.com/events/tour-de-vin-week-2-tour-de-fran
ce-promotion, 2019. 10. 2.)

Breaking the writer. "My precious 6 : 부르고뉴 와인." 2017년 6월 9일.
(https://blog.naver.com/imbad99/221025530063, 2019.10.2)

Clarke O, Guide des Terroirs, Atlas des vins du monde, Gallimard, 2003.

Daum Mart. "보르도와인? AOC만 기억하세요." 2013년 1월 21일

(http://cafe.daum.net/mart1000/jN5t/508?q=%EB%B3%B4%EB%A5%B4
%EB%8F%84+%EC%99%80%EC%9D%B8&re=1, 2019. 10. 2.).

J-F. Bazin. *Histoire du vin de Bourgogne*. Editions Jean-Paul Gisserot, 2002.

Linternaute. "Le Beaujolais nouveau davantage apprécié par les Japonais." le
21/12/2018. https://www.linternaute.com/sortir/guide-des-loisirs/1246931-
beaujolais-nouveau-2019-date-de-la-prochaine-cuvee/, 2019. 10. 2.).

Newsdujour. "Beaujolais nouveau." 2016년 11월 17일
(http://www.newsdujour.fr/beaujolais-nouveau.html, 2019. 10. 2.).

Vinepair. "The 10 Crus of Beaujolais." May 10. 2016
(https://vinepair.com/wine-blog/a-personality-guide-to-the-10-crus-of-
beaujolais-with-regional-map/, 2019. 10. 3.)

▪ 마슬레니차(Масленица) : 러시아 전통 봄 축제에서 러시아식 사육제(謝肉祭)로 _ 양승조

남혜현. "마슬레니짜와 홀리 비교 연구 – 축제의 종교적 의미와 사회적 기능을 중심
으로."「비교문화연구」9권 1호 (2005), 1-17.

서원모. "교회력의 법제화를 통한 후기 로마제국의 사회적 시간의 재조직에 대한
연구 –『테오도시우스 법전』을 중심으로."「한국교회사학회지」34집 (2013),
77-114.

손상오 "축제의 현상과 전례적 의미 – 축제의 의미추구와 전례적 적응의 문제."「현
대가톨릭사상」15권 (1996), 101-130.

양도원. "사육제의 기원과 변천과정 연구 1 – 어원과 고대사회의 축제를 중심으로."
「외국어로서의 독일어」18권 (2006), 165-186.

_____. "사육제의 기원과 변천과정 연구 2 – 기독교화 이후의 사육제."「외국어로서
의 독일어」20권 (2007), 113-132.

임영상. "러시아 정교회와 종교축일 – 봄철 축일을 중심으로."「서양사론」56호
(1998), 99-130.

황영삼. "러시아 축제문화 속에 나타난 러시아인의 특징."「슬라브연구」17권 1호
(2001), 77-94.

Агапкина Т. А. Мифопоэтические основы славянского народного календаря. Весенне-летний цикл. М.: Индрик, 2002.

Дубровский Н. (с о с т.) Масляница. М.: Типография С. Селиванова, 1870.

Киктенко Елизавета. "Родительские субботы." Фома (https://foma.ru/roditelskie -subbotyi.html. 검색일: 2018년 10월 26일).

Крапчунов Д. Е. "Проблема соотношения христианского и языческого в восприятии русской традиционной культуры на примере масленичной обрядности." ПРАΞНМА. Проблемы визуальной семиотики 3/5 (2015), с. 117-127.

"Масляница." Энциклопедический словарь Т. XVIIIА Малолетство – Мейшагола. Издатели: Ф. А. Брокгауз, И. А. Еврон. СПб., 1896, с. 755-756.

"Масленица: обряды на каждый день." Uralweb.ru (https://www.uralweb.ru/pag es/other/3013.html. 검색일: 2018년 10월 26일).

Матюхина Ю. А., Алебастрова А. А., Сорокина О. И., Далланова Л. Ж., Малахова Е. Е. Масленица, Великий пост, Пасха: История, традиции, постный и праздничный стол. М.· Ниола-Пресс, 2010.

Моисеенков Александр. "Масленица: смысл, история и традиции." Фома (https:// foma.ru/maslenicza-smyisl-i-istoriya-tradiczii-i-obryadyi.html#smysl. 검색일: 2018년 10월 26일).

Повесть временных лет. Moscow; Augusburg: Im Werden Verlag, 2003.

Соколова В. К. Весенне-летние календарные обряды русских, украинцев и белорусов XIX — начало XX в. М.: Наука, 1979.

▪ 문화원형으로서의 중앙아시아 나브루즈(Navruz)축제 _ 허성태

남혜현. "마슬레니짜와 홀리 비교 연구." 「비교문화연구」 Vol.9 No.1 (2005), 1-17.

사희만. 『아랍 문학사』. 서울: 민음사, 1995.

이상일. "한국축제의 기능과 구조." 「비교민속학」 9집 (1992), 15-20.

Абуситова М.Х. История Казахстана и Центральной Азии. Алматы, 2001.

Kazakhstan 2007. Almaty, 2007.

Кляшторный С.Г. Памятники древнетюркской письменности и этнокультурная истврия Центральной Азии. СПетербург, 2006.

Массон В.М. Культурогенез древней Центральной Азии. СПетербург, 2006.

Самозванцев А.М. Мифология Востока. Москва, 2000.

Советский энциклопедический словарь. Москва, 1979.

Цивилизация скотводств и земледельцев Центральной Азии. Самарканд-Бишкек, 2005.

http://www.navruz.edunet.uz/index.htm (검색일자: 2007년 8월 26일 12:00).

http://med.org.ru/article/382 (검색일자: 2019년 7월 27일 15:00).

[이미지 출처]

이미지 1 "나브루즈 축하엽서"

> https://yandex.ru/images/search?p=2&text=%D0%B1%D0%B5%D1%81%D0%BF%D0%BB%D0%B0%D1%82%D0%BD%D1%8B%D0%B5%20%D0%BA%D0%B0%D1%80%D1%82%D0%B8%D0%BD%D0%BA%D0%B8%20%D0%BD%D0%BE%D0%B2%D1%80%D1%83%D0%B7&pos=119&rpt=simage&img_url=https%3A%2F%2Fstorage.myseldon.com%2F2Fnews_pict_7%2FE72030BFCAA9D823CB6A561B8F90CD95&lr=47156.

이미지 2 "나브루즈 축제(이미지2)"

> https://yandex.ru/images/search?p=2&source=related-3&text=%D0%BF%D1%80%D0%B5%D0%B7%D0%B5%D0%BD%D1%82%D0%B0%D1%86%D0%B8%D1%8F%20%D0%BD%D0%B0%D0%B2%D1%80%D1%83%D0%B7&pos=104&rpt=simage&nomisspell=1&img_url=https%3A%2F%2Ftravel.atom-tur.ru%2F2Fassets%2Fimages%2Fcountry%2Fuzbekistan_holidays.jpg&lr=47156&stype=image

이미지 3 "수말락(сумаляк, sumalak)을 만드는 여성들."

> https://yandex.ru/images/search?p=2&text=%D0%B1%D0%B5%D1%81%D0%BF%D0%BB%D0%B0%D1%82%D0%BD%D1%8B%D0%B5%20%D0

%BA%D0%B0%D1%80%D1%82%D0%B8%D0%BD%D0%BA%D0%B8%2

0%D1%81%D1%83%D0%BC%D0%B0%D0%BB%D1%8F%D0%BA&pos=

85&rpt=simage&img_url=https%3A%2F%2Fi.ytimg.com% 2Fvi %

2FbLtxFwkPF_4%2Fmaxresdefault.jpg&lr=47156.

이미지 4 "남성의 특권인 할림 만들기"

https://yandex.ru/images/search?p=1&text=%D0%B1%D0%B5%D1%

81%

D0%BF%D0%BB%D0%B0%D1%82%D0%BD%D1%8B%D0%B5%20%D0

%BA%D0%B0%D1%80%D1%82%D0%B8%D0%BD%D0%BA%D0%B8%2

0%D1%85%D0%B0%D0%BB%D0%B8%D0%BC&pos=73&rpt=si-

mage&img_url=http%3A%2F%2Fimg.fromuz.com%2Fforum%2Fuploads

% 2Fmonthly_04_2013%2Fpost-591-1365354734_thumb.jpg&lr=47156.

이미지 5 "카르나이(карнай) 연주 모습

https://yandex.ru/images/search?pos=21&img_url=https%3A%2F% 2F

www.tourprom.ru%2Fsite_media%2Fimages%2Fupload%2F2017%2F5%

2F20%2Fpressreleasephoto%2F0-silk.jpg&text=%D0%BC%D1%83%D0%

B7%D1%8B%D0%BA%D0%B0%D0%BB%D1%8C%D0%BD%D1%8B%D

0%B9%20%D0%B8%D0%BD%D1%81%D1%82%D1%80%D1%83%D0%B

C%D0%B5%D0%BD%D1%82%20%D0%BA%D0%B0%D1%80%D0%BD%

D0%B0%D0%B9&rpt=simage&lr=47156&source=wiz&stype=image

이미지 6 "수르나이(сурнай) 연주 모습"

https://yandex.ru/images/search?p=4&source=wiz&text=%D0%

BC%D1%

83%D0%B7%D1%8B%D0%BA%D0%B0%D0%BB%D1%8C%D0%BD%D1

%8B%D0%B9%20%D0%B8%D0%BD%D1%81%D1%82%D1%80%D1%83

%D0%BC%D0%B5%D0%BD%D1%82%20%D1%81%D1%83%D1%80%D0

%BD%D0%B0%D0%B9&pos=170&rpt=simage&img_url

=https%3A%2F%2Fwww.adecatours.com%2Fuploads%2Fgallery%2FNati

onal-Instruments%2FSurnay%2F-na-surnaj.jpg%3F1479541748163&lr=

47156& stype=image.

▪ 일본의 마쓰리에 관해서 _ 이시준

久能木紀子　外.『日本の神様と祭り』. 洋泉社, 2017.

菅田正昭.『日本の祭り知れば知るほど』. 実業之日本社, 2007.

▪ 한국 축제의 만화경(萬華鏡) - 이청준의 〈축제〉를 중심으로 _ 이경재

1. 기본 자료

이청준.『축제』. 열림원, 1996.

_____.『축제』. 열림원, 2003.

_____/육상효 각색.『축제』. 커뮤니케이션북스, 2005.

_____.『축제』. 문학과지성사, 2016.

2. 단행본 및 논문

강준수. "카니발적 특성으로 본 이청준의『축제』고찰." 「문학과 종교」 24권 1호
    (2019).

고영석. "축제의 이념과 한계."『축제와 문화』.

김경수. "메타픽션적 영화소설?"『이청준 깊이 읽기』. 문학과지성사, 1999.

김동식. "삶과 죽음을 가로지르며, 소설과 영화를 넘나드는 축제의 발생학."『축제』.
    열림원, 2003.

김홍열. "죽음."『축제의 사회사』. 한울, 2010.

류정아.『축제인류학』. 살림, 2003.

_____ .『축제이론』. 커뮤니케이션북스, 2013.

양윤의. "이청준 소설의 낭만성 연구-병신과 머저리, 소문의 벽, 선학동 나그네, 축제
    를 중 심으로." 「한국문예비평연구」 50집 (2016.6).

용석원. "매체 특질과 서사 구성요소의 선별에 따른 서사물의 의미 차이 ― 소설
    『축제』와 영화『축제』를 중심으로." 「영화와 문학치료」 5집 (2011.2).

우찬제. "생태학적 무의식과 생태 윤리-이청준 소설의 경우." 「동아연구」 59집 (2010.
    8).

윤선자. "프랑스 대혁명기(1789-1799)의 민중축제와 엘리트축제에 관한 연구." 고
    려대 역사학과 박사학위 논문, 2001.

이상룡. "'또 다른 세계'를 비추는 거울-'축제'의 구성 원리와 그 변주."『축제와 문화』.

연세대학교 출판부, 2003.

이상일.『축제의 정신』. 성균대학교 출판부, 1998.

이채원. "이청준 소설에서의 자의식적 서술과 자기반영성: 축제(1996)를 중심으로."
　　「한국문 학이론과 비평」 47집 (2010).

이현석. "이청준 소설의 영화적 변용에 나타난 서사적 특성 연구."「한국문학논총」
　　53집 (2009. 12).

장영란.『호모 페스티부스:영원한 삶의 축제』. 서광사, 2018.

장윤수. "축제의 글쓰기 제의와 연희적 성격."「현대소설연구」 20집 (2003. 12).

최문규. "'축제의 일상화'와 '일상의 축제화.', 『축제와 문화』. 연세대학교 출판부,
　　2003.

최영자. "메니페아 형식으로서의 텍스트 담론 연구 ― 최명희의『혼불』, 이청준의
　　『축제』, 황석영의『손님』을 중심으로."「한중인문학연구」 54 (2017).

표인주.『축제민속학』. 태학사, 2007.

표정옥. "이청준 소설의 영상화 과정의 생성원리로 작용하는 원형적 신화 상상력에
　　대한 연구."「서강인문논총」 제25집 (2009).

Turner, V. *The Ritual Process:Structure and Anti-Structure*. Chicago : Aldine,
　　1969.

숭실대학교 인문과학연구소 인문교양총서 2

축제: 일상의 초월과 경계 넘나들기

2020년 2월 20일 초판 1쇄 인쇄
2020년 2월 27일 초판 1쇄 발행

지은이 | 김태연 박소영 남정애 김기일 양승조 허성태 이시준 이경재
펴낸이 | 김영호
펴낸곳 | 도서출판 동연
등 록 | 제1-1383호(1992. 6. 12)
주 소 | 서울시 마포구 월드컵로 163-3
전 화 | (02)335-2630
전 송 | (02)335-2640
이메일 | yh4321@gmail.com
블로그 | https://blog.naver.com/dong-yeon-press

Copyright ⓒ 인문과학연구소, 2020

이 책은 저작권법에 따라 보호받는 저작물이므로 무단 전재와 복제를 금합니다.
잘못된 책은 바꾸어드립니다. 책값은 뒤표지에 있습니다.

ISBN 978-89-6447-549-2 04300
ISBN 978-89-6447-550-8(세트)